GÜTERSLOHER
VERLAGSHAUS

SINGEN IM GOTTES- DIENST

Ergebnisse und Deutungen einer empirischen Untersuchung in evangelischen Gemeinden

Im Auftrag der Liturgischen Konferenz herausgegeben von Klaus Danzeglocke, Andreas Heye, Stephan A. Reinke und Harald Schroeter-Wittke

Gütersloher Verlagshaus

Bibliografische Information der Deutschen Nationalbibliothek

Die Deutsche Nationalbibliothek verzeichnet diese Publikation
in der Deutschen Nationalbibliografie; detaillierte bibliografische Daten
sind im Internet über https://portal.dnb.de abrufbar.

Liturgische Konferenz

Unveränderter Nachdruck der 1. Auflage 2011
Copyright © 2011 by Gütersloher Verlagshaus, Gütersloh,
in der Verlagsgruppe Random House GmbH, München

Satz: Satz!zeichen, Landesbergen
Druck und Einband: Books on Demand GmbH, Norderstedt
Printed in Germany
ISBN 978-3-579-05962-4

www.gtvh.de

Inhalt

Perspektiven

Anhänge

Zum Geleit

Mit der Musik im Gottesdienst ist es ähnlich wie mit der Theologie: Sie droht zu einer Sache der Experten zu werden, die die Möglichkeiten und Interessen der Gemeindeglieder bisweilen etwas aus dem Blick verlieren. Aus diesem Grunde gibt es Befragungen, die den fachlichen Diskussionen die nötige »Erdung« verschaffen können. Empirische Studien bewirken zwar keine Wunder, aber sie helfen einer genaueren Wahrnehmung dessen, was man immer schon zu kennen meint. Dem genaueren Hinsehen soll auch die vorliegende Studie zum gottesdienstlichen Singen dienen. Sie zeigt vieles, was man zwar schon vorher ahnte, was jetzt aber genau belegt ist. An erster Stelle zu nennen ist die Erkenntnis: Die Menschen, die den Gottesdienst besuchen, singen gerne mit – wenn sie es denn können, weil sie die Lieder kennen.

Die Aufgabe der Kirchenleitungen und der sie beratenden Experten ist es, die Möglichkeiten des Singens zu verbessern und dabei zunächst dem Gemeindegesang auch etwas zuzutrauen. Im Mittelpunkt steht die Frage, was die Qualität des Gesanges ausmacht und welche Lieder dazu hilfreich sind. Zwischen Milieubezug und Pluralität der Stile einerseits und einer Erkennbarkeit des evangelischen Kirchengesanges andererseits – Stichwort Repertoirebildung – gilt es künftig die Weichen zu stellen. Bei der gerade beginnenden Perikopenreform in der EKD wird so das Ensemble des gottesdienstlichen Propriums genau zu bedenken sein.

Als Vorsitzender der Liturgischen Konferenz danke ich allen, die diese Studie angeregt und durchgeführt haben, besonders dem Musikausschuss der Konferenz und ihrem Vorsitzenden Klaus Danzeglocke. Ich bin sicher, dass die vorliegende Studie viele Dinge klären hilft und dass sie auf breite Resonanz stoßen wird.

Bonn, im November 2010

Michael Meyer-Blanck
Vorsitzender der Liturgischen Konferenz

Vorwort

»Sollt ich meinem Gott nicht singen?« (Paul Gerhardt)

Christentum oder zumindest der christliche Gottesdienst und Singen stellen seit jeher eine Einheit dar. Schon die Mitglieder der ersten christlichen Gemeinden »ermunterten einander mit Psalmen und Lobgesängen und geistlichen Liedern«[1] – bzw. waren aufgerufen, dies zu tun. Dass sie sich die mahnenden Worte etwa des Epheserbriefes tatsächlich zu Herzen nahmen, bezeugen zahlreiche Berichte, die das gottesdienstliche Singen als ein regelrechtes liturgisches und musikalisches Erkennungszeichen der Christenheit beschreiben.

Bis heute ist der Gemeindegesang ein wesentliches Profilmerkmal des christlichen (und vor allem auch des evangelischen) Glaubens. So betont etwa die Ständige Konferenz für Kirchenmusik in der EKD eine explizite »Gleichrangigkeit des gesungenen mit dem gesprochenen Wort [...], der für das evangelische Glaubensverständnis grundlegende Bedeutung zukommt. Am gesungenen Gotteslob sollen alle [sic!] Glaubenden Anteil gewinnen; in diesem Sinn gibt es ein gesungenes Priestertum aller Getauften. Für Martin Luther [...] war der Gesang eine der zentralen Ausdrucksformen des Evangeliums; im Singen wie im Sagen drückt sich aus, dass der Glaube aus dem Hören kommt. Religiöse Musikalität ist daher für den Protestantismus von seinen Anfängen an mit dem Gesang verbunden.«[2]

Diese fast schon natürlich anmutende Verbindung von Glauben und Musik, von Singen und Gottesdienst scheint gegenwärtig zumindest herausgefordert. Klagen über eine Krise des gottesdienstlichen Singens gibt es zuhauf. Glaubt man Beschreibungen, scheinen immer mehr Gemeinden regelrecht zu verstummen, und Gottesdienste mit einem lautstarken Gesang eher eine Ausnahme zu sein. Neu sind diese Klagen nicht. Seit einigen Jahrhunderten finden sich Berichte über eine vermeintlich sinkende Qualität (und Quantität) des gottesdienstlichen Singens in einer

---

1. Eph 5,18.
2. »Kirche klingt«. Ein Beitrag der Ständigen Konferenz für Kirchenmusik in der evangelischen Kirche von Deutschland (= EKD-Texte 99), Hannover 2009, 5.

Fülle und Plastizität, die den Schluss nahelegen, schon vor langer Zeit wäre
der Besuch eines Gottesdienstes vor allem auch eine klangästhetische Herausforderung gewesen. So gilt es, auch aus historischer Perspektive das
rechte Augenmaß zu wahren, die Kirche im Dorf zu lassen.

Dennoch scheint etwas neu. Es fällt auf, dass sich die Klagen vergange-
ner Tage zumeist auf die fehlende musikalische Qualität des Gemeindegesangs bezogen, während sie heute nicht selten vornehmlich auf das Maß
der Beteiligung abzielen. Das Problem scheint heute weniger zu sein, dass
Menschen lauthals falsch und mit »elender Stimme« singen, sondern viel
eher, dass sie überhaupt nicht mehr singen.

Das Singen in der Kirche spiegelt in diesem Sinne eine wohl kaum zu
leugnende Krise des alltäglichen Singens wider. Das (öffentliche) Singen
hat – aus unterschiedlichsten Gründen – seine einstmalige Selbstverständlichkeit verloren. Die Allpräsenz der Musik hat das Hören zum primären
Zugang zur Musik werden lassen. Ohne Zweifel gilt: trotz der Tatsache,
dass ein Großteil der uns umgebenden Musik Vokalmusik ist, ist unsere
gegenwärtige Musikkultur keine Singkultur- oder besser: keine Kultur des
Selbstsingens mehr. Heute lässt man – mehr oder weniger gut – für sich
singen. Das eigene Singen wiederum ist – wenn es denn überhaupt noch
geschieht – eine vornehmlich private Angelegenheit. Und insofern bleibt
nüchtern festzustellen: das Singen befindet sich in seiner Gesamtheit als
kulturelle Betätigungsform und Lebensäußerung – trotz vielfältiger entge-
gengesetzter Bemühungen – in Deutschland auf dem Rückzug. Zweck-
freies Singen als spontaner Ausdruck existenzieller Bedürfnisse findet nur
mehr selten statt. Fast ausschließlich erfolgt das Singen in inszenierten
Kontexten in einer mehr oder weniger domestizierten, in jedem Fall jedoch
in einer organisierten Form.[3]

Von diesen Orten und Kontexten nun ist die Kirche bzw. der Gottesdienst
(neben Fußballstadion, Festzelt und Karnevalssitzung) einer der beliebtesten – unterschiedliche Umfragen deuten dies zumindest an. Wenn in der
umhegten Kultur des Gottesdienstes das Singen vielleicht auch nicht ge-
deiht und zu neuer Blüte findet, so ist es doch – einigermaßen abgeschot-
tet von schädlichen Einflüssen von außen – nicht vom Aussterben bedroht.

---

3. Selbst der spontan anmutende Gesang im Fußballstadion folgt relativ klaren Organisationsmus-
tern. Vgl. hierzu Kopiez, Reinhard/Brink, Guido: Fußball-Fangesänge. Eine FANomenologie,
Würzburg 1998. Ähnliches lässt sich für das Singen in anderen Kontexten feststellen.

Singen im Gottesdienst – eine Themenstellung, die sogar schon das Kabarett beschäftigt. In einer Weihnachtssendung der Reihe »Neues aus der Anstalt« erzählte der durch allerlei Stress am Heilig Abend geplagte und gehetzte Organist davon, wie er die festtäglich sedierte Gemeinde recht flott begleitete. Schnell lag sie eine halbe Strophe zurück. Das Ergebnis: Kakophonie. Die Singenden lösten das Problem, indem sie sich eine weitere halbe Strophe zurückfallen ließen. Das Ergebnis: Wohlklang. Organist und Gemeinde fanden zusammen, trennten sich jedoch in der letzten Strophe erneut, die ohne Begleitung der Orgel stattfinden musste. Das Kabarett als ein Beitrag zur Hymnologie. Das lässt durchaus hoffen.

Was genau also geschieht im Gottesdienst in Hinblick auf das Singen also? Zwar gibt es eine ganze Reihe von phänomenologischen Beschreibungen des (liturgischen) Gesangs, wenn man jedoch versucht, diese gegen den gesamtgesellschaftlichen Niedergang opponierende Existenzweise des Singens quantitativ und qualitativ zu beschreiben, ist man auf persönliche Eindrücke, Schilderungen Dritter und Mutmaßungen angewiesen. Es gibt bis heute keine belastbaren empirischen Daten, die Aufschluss gäben über die gottesdienstliche Gesangskultur. Und erst recht fehlt neben der quantitativen Auslotung des empirischen Feldes »Singen im Gottesdienst« ein Blick auf die über kirchenoffizielle Verlautbarungen und theologische Grundsatzlegungen hinausgehenden Haltungen gerade auch der Gottesdienstteilnehmerinnen und -teilnehmer gegenüber dem Singen im Speziellen und – bedauerlicherweise auch – der Kirchenmusik im Allgemeinen. Was »die Leute« über das Singen im Gottesdienst denken, ist weitestgehend unreflektiert. Dies ist umso schwerwiegender, weil eben diese »Leute« zunehmend nicht mehr als ein homogenes Kollektiv zu verstehen sind. Stattdessen muss auch der Gottesdienst zunehmend auf sehr unterschiedliche, aus sehr verschiedenen sozialen Milieus stammende Teilpublika ausgerichtet sein. Durch solch eine ausgesprochene Pluralität der Kulturen ist der Gottesdienst dementsprechend vielfältig herausgefordert.

Es gibt ein beklagenswertes Defizit im Hinblick auf empirische Untersuchungen, die gezielt nach den unterschiedlichen Erwartungen gegenüber dem Gottesdienst und seiner Gestaltung fragen. Zudem krankt die gegenwärtige liturgische Theorie (und Praxis) nicht zuletzt an dem Umstand, dass die von der Kirchensoziologie der letzten Jahrzehnte erhobenen Daten wenn überhaupt, dann nur zögerlich mit Blick auf den Gottesdienst gedeutet werden. Die jüngste Mitgliedschaftsuntersuchung der EKD hat zwar gezeigt, dass sich die »Kirche in der Vielfalt der Lebensbezüge« auch

in unterschiedlichen, primär auf die soziale Herkunft der Befragten zu-
rückzuführenden Vorlieben und Erwartungen gegenüber dem Gottesdienst
konkretisiert, Konsequenzen aus diesem Umstand sind jedoch bisher
kaum gezogen worden.

Überdies ist nach wie vor unzureichend erhoben, was »die (unterschiedlichen) Leute« über den Gottesdienst und vor allem diejenigen Bestandteile,
die über die Predigt hinaus gehen, denken, von ihm erwarten und sich
durch ihn erhoffen. Es gilt daher – wie Peter Bubman ausführt – »die Vielzahl musikalischer Verhaltensweisen und kirchenmusikalischer Soziotope
[...] in den Blick zu nehmen.«[4]

Die unterschiedlichen musikalischen Strömungen und Gruppen in den
Gemeinden müssen ebenso beschrieben werden wie unterschiedliche Gottesdienstformen und Gottesdienstkulturen. Es ist an der Zeit eine empirische Kirchenmusikforschung zu begründen, die Grundlagen dafür schafft,
damit »die Kirche« mit den mannigfachen Anforderungen der spätmoder-
nen Stilvielfalt konstruktiv umgehen kann. In jüngerer Zeit sind einige
Ansätze hierzu zu erkennen. An unterschiedlicher Stelle sind einzelne
Phänomene dieses Prozesses in den Blick geraten.[5]

Vor diesem Hintergrund ist die in diesem Band beschriebene Initiative
des Musikausschusses der Liturgischen Konferenz (LK) zu verstehen, die
Fragen des »Singen im Gottesdienst« aus einer (musik-)soziologischen
Warte in den Blick zu nehmen. In Zusammenarbeit mit der Universität
Paderborn – dem Institut für Ev. Theologie und dem Institut für Begabungsforschung in der Musik – ist mit über 4.500 ausgefüllten Fragebögen
eine der bisher größten empirischen Erhebungen zu Fragen des Singens
überhaupt realisiert worden, deren Ergebnisse an dieser Stelle dargestellt
und ersten Analysen unterworfen werden.

Den Auftakt bestreiten die für die Durchführung und sozialwissenschaft-
liche Auswertung der Studie verantwortlichen Mitarbeiter des Paderborner
Instituts für Begabungsforschung in der Musik (IBFM): Andreas Heye und
Prof. Dr. Heiner Gembris. Darauf wirft der Vorsitzende der Liturgischen

---

4. Bubmann, Peter: Tagungsrückblick, in: Musik und (ihre) Mission – Im Schnittfeld von Gemeindeentwicklung und empirischer Forschung, epd-Dokumentationen Nr. 47, Frankfurt/M. 2009,
70–75, 74.

5. Für einen Überblick vgl. Schroeter-Wittke, Harald: Musik – Milieu – Mission. Pluralität als He-
rausforderung für die Kirchenmusik, in: Kirche zwischen postmoderner Kultur und Evangelium
(= Beiträge zur Evangelisation und Gemeindeentwicklung 15), hg. von Martin Reppenhagen,
Neukirchen-Vluyn 2010, 172–193.

Konferenz, Prof. Dr. Michael Meyer-Blanck (Bonn) einen Blick aus praktisch-theologischer Perspektive. Die Warte des Kirchenmusikers vertritt
LKMD Dr. Gunter Kennel (Berlin). Im Anschluss daran kommentieren
mit dem Kirchenmusiker Jochen Kaiser (Wernigerode), der Diplom-Sozio-
login OKR Petra-Angela Ahrens vom Sozialwissenschaftlichen Institut der
EKD (Hannover) und dem Musikwissenschaftler und Kirchenmusiker Stephan A. Reinke (Wilster) drei Autorinnen bzw. Autoren einiger empirischer
Forschungsarbeiten zur Kirchenmusik die Ergebnisse vor dem Hintergrund und im Kontrast zu ihrer eigenen Forschungsarbeit. Prof. Dr. Harald
Schroeter-Wittke (Paderborn) kommentiert die Studie aus religionspädagogischer Perspektive und fragt nach hymnologiedidaktischen Konsequenzen. Die Religionspädagogin Rahel Aude (Frankfurt/Main) und die Theo-
login Teresa Tenbergen (Leipzig) befassen sich in ihren anvisierten
Dissertationen mit dem Singen bei und mit Jugendlichen und legen hier
erste Überlegungen dazu vor. Der Komponist, Hörspielmacher und Interaktionskünstler Bernhard König (Korschenbroich), einigen Leserinnen und
Lesern möglicherweise durch elementarmusikalische Projekte auf den letzten Kirchentagen bekannt, unterzieht die Studie schließlich einer Review
aus konzertpädagogischer Sicht und gibt Anstöße für eine stärkere Zusammenarbeit von Kirchenmusik, Hymnologiedidaktik und Konzertpädagogik.

Die Vielfalt der Analysemöglichkeiten und die Vielschichtigkeit der Fragen, die einem bei der soziologischen Beschäftigung mit der Kirchenmusik begegnen, machen deutlich, dass es sich um ein wichtiges und weites
Feld handelt, das noch weiterer Forschungen bedarf, sowohl empirisch,
historisch, ästhetisch als auch pädagogisch.[6]

Bei den Beiträgen handelt es sich im die verschriftlichten (und teilweise
erweiterten) Fassungen von Vorträgen im Rahmen eines Studientages in
Paderborn, der am 08. Februar 2010 die Studie der Öffentlichkeit präsen-
tierte. Wir danken allen Autorinnen und Autoren herzlich für die Überlas-
sung der Manuskripte. Den Organisatoren des Paderborner Studientags
danken wir ebenso wie allen Teilnehmenden an den Umfragen, die sich
so vielfältig zurückgemeldet und damit ihr großes Interesse gezeigt haben.
Die Auswertung wäre nicht zustande gekommen, wenn am IBFM neben
Heiner Gembris und den Herausgebern dieses Bandes nicht ein so enga-

---

6. Auch das vorliegende Material erlaubt noch weitere Analysen und ruft zu tieferschürfenden
   Fragen auf.

giertes Team gearbeitet hätte: Rahel Aude, Doreen Dang, Stephanie Forge, Dagmar Götte-Weiß, Stella Kaczmarek und Lydia Meyer. Schließlich gilt unser Dank der Evangelischen Kirche in Hessen und Nassau sowie der Liturgischen Konferenz, ohne deren großzügige Finanzierung dieses Projekt nicht hätte durchgeführt und publiziert werden können, sowie dem Gütersloher Verlagshaus für seine unkomplizierte Zusammenarbeit.

Mögen die Ergebnisse der Studie und die sich an sie anschließenden Gedanken Anlass sein für ein von Zuversicht und Optimismus getragenes eigenes Reflektieren über das Thema »Singen im Gottesdienst« und mögen sie helfen, die (eigene) kirchenmusikalische Praxis in ihrer Vielfältigkeit (auch in sängerischer) Hinsicht zu würdigen.

Im November 2010   *Die Herausgeber*

Singen im Gottesdienst

Singen im Gottesdienst
Eine empirische Untersuchung

Andreas Heye/Heiner Gembris/Harald Schroeter-Wittke

Ausgangspunkt und Kontext der Untersuchung

In der Gemeindearbeit machen Pfarrer/innen und Kirchenmusiker/innen nicht selten die Beobachtung, dass der Gemeindegesang im Gottesdienst zu wünschen übrig lässt und nicht den Vorstellungen entspricht, die sie von angemessenem oder gelungenem Singen im Gottesdienst haben. Beklagt wird u.a. neben fehlender Singfreudigkeit auch die musikalische Qualität. Damit verbunden ist die Frage, welche Faktoren zum Gelingen des Gemeindegesangs beitragen und durch welche Faktoren er möglicherweise beeinträchtigt wird. Die Kenntnis der entsprechenden Einflussfaktoren könnte möglicherweise Ansatzpunkte bieten, die Lust am Singen zu steigern, um den Gemeindegesang zu verbessern. Es existieren nur wenige empirische Untersuchungen (siehe Abschnitt Forschungssituation), die entsprechende Hinweise zu diesem Problemfeld und diesen Fragestellungen geben. Vor diesem Hintergrund verfolgte der Musikausschuss der Liturgischen Konferenz gemeinsam mit Prof. Dr. Harald Schroeter-Wittke (Universitätsprofessor für Didaktik der Ev. Religionslehre mit Kirchengeschichte) die Idee, eine empirische Studie zum Themenfeld *Singen im Gottesdienst* durchzuführen bzw. durchführen zu lassen. Durch eine entsprechende Anfrage an den Leiter des Instituts für Begabungsforschung in der Musik (IBFM) der Universität Paderborn, Prof. Dr. Heiner Gembris, entstand die Kooperation zwischen den Instituten. Eine interdisziplinäre Arbeitsgruppe wurde ins Leben gerufen, die sich mit der konkreten inhaltlichen Gestaltung und methodischen Umsetzung des Projekts befasste. Finanziert wurde die Durchführung der Studie durch Mittel der Liturgischen Konferenz sowie der Evangelischen Kirche in Hessen und Nassau.

Forschungssituation

Die Klage darüber, dass es mit dem Gemeindegesang in den protestanti-
schen Kirchen nicht zum Besten bestellt sei, ist anscheinend kein neues
Phänomen. Bereits vor fast 200 Jahren befasste sich ein anonymer Autor
in einem Aufsatz mit dem Titel »Andeutungen zur Verbesserung der Musik beym evangelischen Gottesdienste« in der *Allgemeinen Musikalischen
Zeitung* vom 4. August 1819 mit diesen »zu rügenden Uebeln«. Mit dieser
Klage über schlechten Gemeindegesang stand er offenbar nicht allein, denn
er bezieht sich auf einen weiteren Autor, den preußischen Schulpädagogen
und Geistlichen Bernhard Christoph Ludwig Natorp (1774–1846), der dieser Thematik ausführlichere Erörterungen gewidmet hatte. »Eine Haupt-
ursache des so oft gerügten schlechten Gesanges der Protestanten (mit
Ausnahmen freylich)« liegt nach Ansicht unseres anonymen Autors darin,
»dass die Schuljugend seit einem Jahrzehend und länger keine Kirche
besucht.« (Anonymus, 1819, 517).

Wie dem auch sei, es hat unseres Wissens weder damals noch in den
folgenden Jahrzehnten des 19., 20. und 21. Jahrhunderts dazu geführt,
dass diese Thematik ausführlicher untersucht wurde. Obwohl es viele Ab-
handlungen zum Thema Musik und Religion gibt (z. B. de la Motte-Haber,
1995), sind in der empirischen Musikpsychologie und Musiksoziologie
Fragen in Zusammenhang mit der Kirchenmusik fast gar nicht untersucht
worden. Erst in jüngerer Zeit ist zu beobachten, dass sich einzelne musik-
psychologische bzw. musiksoziologische empirische Studien Themen in
Zusammenhang mit Gottesdienst, Religion oder Spiritualität widmen (z. B.
Miller & Strongman, 2002). Empirische Untersuchungen, die mit der vorliegenden Studie in mehr oder weniger engen Zusammenhang gebracht
werden können, gibt es u.W. lediglich drei: In einer repräsentativen Umfrage des Magazins »Chrismon« (Juni 2007)[1] wurde unter der Fragestellung »Bei welchen Gelegenheiten singen Sie?« auch nach dem Singen im
Gottesdienst gefragt. Im Juni 2009 erschien eine Studie des Sozialwissenschaftlichen Instituts der EKD zum Thema *Gospelsingen*. Am engsten mit
unserer Thematik verbunden ist eine qualitative Befragung mit dem Titel
*»Die Kirchenmusik – Wahrnehmungen aus zwei neuen empirischen Untersu-
chungen unter Getauften in Bayern«*, die das Gottesdienst-Institut der Evan-

---

1. Verfügbar unter http://www.chrismon.de/Immer_ein_Lied_auf_den_Lippen.php, zuletzt geprüft
   am 09.10.2010.

gelisch-Lutherischen Kirche in Bayern 2007 veröffentlichte. Gegenstand der Interviewbefragung war u. a. der Gemeindegesang, der in Hinblick auf das Gemeinschaftserleben, die emotionalen Dimensionen des Singens, das Verhältnis von altem und neuem Liedgut und das Einüben von Liedern im Gottesdienst untersucht wurde. Relevante Ergebnisse der drei genannten Studien werden im Diskussionsteil in Zusammenhang mit den Ergebnissen unserer Studie gebracht.

Fragestellungen und methodische Vorüberlegungen

Grundsätzlich liegt es bei Themen, die wenig empirisch oder theoretisch untersucht sind, nahe, zunächst explorative, qualitative Studien durchzuführen und diese dann durch quantitative Studien zu erweitern. In diesem Fall jedoch schien eine vorangehende, explorative Studie überflüssig, weil die Fragestellungen bereits im Vorfeld relativ präzise formuliert werden konnten. Insbesondere folgende Fragen sollten durch die Studie beantwortet werden:

- Welche Einstellungen haben Gottesdienstteilnehmer/innen generell zum Singen, zur eigenen Stimme, zur Musik?
- Was fördert oder hindert das (Mit-)Singen im Gottesdienst?
- Welche Gesänge werden gern mitgesungen?
- Welche Rolle spielt das Singen für Gottesdienstteilnehmer/innen, was ist wichtig an den Liedern?
- Wie gefallen welche Liedbegleitungen im Gottesdienst?
- Welche Rolle spielen Alter, Geschlecht, Bildung etc.?

Der Fragebogen »Singen im Gottesdienst«

Vor dem Hintergrund dieser Fragestellung wurde ein achtseitiger Fragebogen entwickelt, der aus insgesamt 22 Fragen bestand. Zur Beantwortung der Fragen wurden zwei Antwortformate verwendet. Zum einen konnten aus einer Liste eine oder mehrere Antwortoptionen gewählt werden. Zum anderen wurden mittels mehrstufiger Antwortskalen Meinungs- und Einstellungstendenzen erfasst. Für zusätzliche individuelle Ergänzungen der Befragungsteilnehmer/innen war eine Kategorie »Sonstiges« vorgesehen.

Die 22 Fragen wurden inhaltlich in drei Fragenblöcke untergliedert: 1.
Fragen zur Musik und zum Singen allgemein, 2. Fragen zu christlichen
Liedern und Gottesdienstliedern und 3. Allgemeine Fragen zur Person.
Der komplette Fragebogen ist im Anhang A zu finden.

Die Vorderseite des Fragebogens informierte die Befragungsteilnehmer/
innen über das Forschungsprojekt und lieferte ihnen Hinweise zum Ausfüllen des Fragebogens und zum Datenschutz (freiwillige Teilnahme und
Anonymität).

Der erste Fragenblock erfasste die persönliche Bedeutung der Musik im
Leben der Gottesdienstteilnehmer/innen, deren Musikpräferenzen und
Situationen (z. B. in der Kirche, Schule, im Auto etc.), in denen sie singen.
Darüber hinaus wurde der persönliche Bezug zum Singen, zur eigenen
Stimme sowie die Fähigkeit, Lieder zu singen, erhoben.

Der zweite Fragenblock umfasste verschiedene Fragen hinsichtlich christlicher Lieder und Gottesdienstlieder. Dazu zählten Vorlieben für unterschiedliche Gesänge (z. B. Choräle, NGL[2], Kanon etc.) und Liedbegleitungen
(z. B. Orgelbegleitung, Posaunenchor, Band etc.). Zudem wurde erhoben,
ob die Bereitschaft, neue Lieder zu erlernen, vorliegt. Des Weiteren wurden
die Gottesdienstteilnehmer/innen zu ihrem Singverhalten im Gottesdienst
befragt, inwieweit sie im Gottesdienst mitsingen, was sie am Singen hindert
(z. B. geringe Singbeteiligung) bzw. unterstützt (z. B. Bekanntheit des Liedes), was sie tun, wenn sie nicht mitsingen (z. B. Text mitlesen) und inwieweit verschiedene Dimensionen eines christlichen Liedes (z. B. Text oder
Musik/Klang etc.) für sie persönlich von Bedeutung sind.

Im abschließenden dritten Teil wurden soziodemografische Daten erhoben. Dazu zählen Alter, Geschlecht, höchster Bildungsabschluss, aktuelle Tätigkeit und kirchlicher Hintergrund. Darüber hinaus wurde die Rolle,
in der die Befragten am Gottesdienst teilnahmen (z. B. Chormitglied, Konfirmand, Gemeindemitglied etc.), und die Häufigkeit der Gottesdienstbesuche erfragt.

Untersuchungsdurchführung

Der Erhebungszeitraum erstreckte sich von Anfang Dezember 2008 bis
Mitte Februar 2009. Im Anschluss an Adventsgottesdienste wurden Got-

---

2. Neues Geistliches Lied (NGL).

tesdienstteilnehmer/innen durch die jeweiligen Pfarrer/innen auf die Befragung aufmerksam gemacht und gebeten, daran teilzunehmen. Rück-
sendeschluss und somit Abschluss der Datenerhebung wurde mit dem 15.
Februar datiert.

Die Distribution der Fragebögen erfolgte auf unterschiedlichen Wegen.
Ein Teil der Fragebögen wurde mit einem entsprechenden Anschreiben
direkt an die Pfarrer verschickt. Zudem verteilten Seminarteilnehmer, einer
zu diesem Thema gehaltenen Lehrveranstaltung von Prof. Schroeter-
Wittke, weitere Fragebögen in ihren Heimatgemeinden (Schneeballprin-
zip). Des Weiteren wurden ca. 2000 Fragebögen gedruckt und durch die
Liturgische Konferenz postalisch an Gemeinden in ganz Deutschland ver-
sandt. Außerdem wurde der Fragebogen per Email-Verteiler an weitere
Gemeinden versendet, die diesen eigenständig ausdrucken und verteilen
konnten. Insgesamt wurden 5.650 Fragebögen in Umlauf gebracht.

Für die Auswertung wurden die Fragebögen digitalisiert und mittels der
Statistiksoftware SPSS analysiert. Aufgrund des explorativen Charakters
der Untersuchung liegt der Auswertungsschwerpunkt auf deskriptiven
Analyseverfahren.

Ergebnisse

Bis zur Rücklauffrist im Februar 2009 sind insgesamt 4.715 der 5.650
Fragebögen eingegangen, was eine Rücklaufquote von 83 % ergibt (zusätzliche Fragebogenausdrucke durch Gemeinden wurden dabei nicht berücksichtigt). 4.674 der 4.715 Fragebögen erfüllten die Einschlusskriterien[3] und
stellen die Datenbasis aller statistischen Analysen dar.

Stichprobenbeschreibung

Der Rücklauf der Fragebögen verteilte sich sehr unregelmäßig auf verschiedene Regionen der Bundesrepublik. Die meisten Fragebögen wurden aus
Nordrhein-Westfalen zurückgeschickt. Anhand der Absender der Rücksen-
dungen konnte festgestellt werden, dass ca. 54 % (2.278) der Fragebögen
aus Evangelischen Kirchen im Rheinland und weitere 28 % (1.153) der Fra-

---

3. Einschlusskriterien waren: a) keine fehlenden Angaben bei den Variablen »Geschlecht« und/
   oder »Alter« und b) die Beantwortung von mind. 14 der 22 Fragen.

gebögen aus Evangelischen Kirchen aus Westfalen stammen. Alle anderen Bundesländer, insbesondere aus dem Osten Deutschlands und Bayern, sind deutlich weniger bzw. überhaupt nicht vertreten.

Zusammensetzung der Stichprobe

Die Stichprobe besteht aus 4.674 Gottesdienstteilnehmern (65 % weiblich und 35 % männlich) zwischen zehn und 97 Jahren. Das Durchschnittsalter von 53 Jahren[4] zeigt, dass sich an unserer Umfrage primär ältere Menschen beteiligt haben. 71 % aller Befragten sind zwischen 40 und 79 Jahre alt (siehe Tab. 1).

Alter	10-13	14-19	20-29	30-39	40-49	50-59	60-69	70-79	80-97
Anzahl (N)	276	267	207	335	843	672	889	930	255
%	5,9	5,7	4,4	7,2	18	14,4	19	19,9	5,5

Tab. 1: Absolute und relative Häufigkeiten der Befragten innerhalb der Altersgruppen.[5]

Die Altersverteilung in Abbildung 1 verdeutlicht anhand der Wellenform und Spitzen (Peaks) den hohen Anteil älterer Befragungsteilnehmer/innen. Die Spitze im Bereich des Jugendalters entsteht höchstwahrscheinlich durch Konfirmanden/innen, die jedoch nur ein sehr geringes Gegengewicht im Vergleich zu den älteren Altersgruppen bilden.

---

4. Mittelwert (M) = 52,72; Standardabweichung (SD) = 20,44. Die Standardabweichung ist ein gebräuchliches Streuungsmaß eines metrisch skalierten Merkmals, was die durchschnittliche Abweichung des Mittelwertes angibt (Hagl, 2008).
5. Die Altersgruppen wurden nicht durchweg in Dekaden zusammengefasst. Um die Konfirmanden als eigenständige Altersgruppe darstellen zu können, wurde der Altersbereich 10–13 Jahre gewählt. Außerdem wurde die geringe Anzahl von Befragten über 90 Jahre (N = 12) in die Altersgruppe 80–97 integriert.

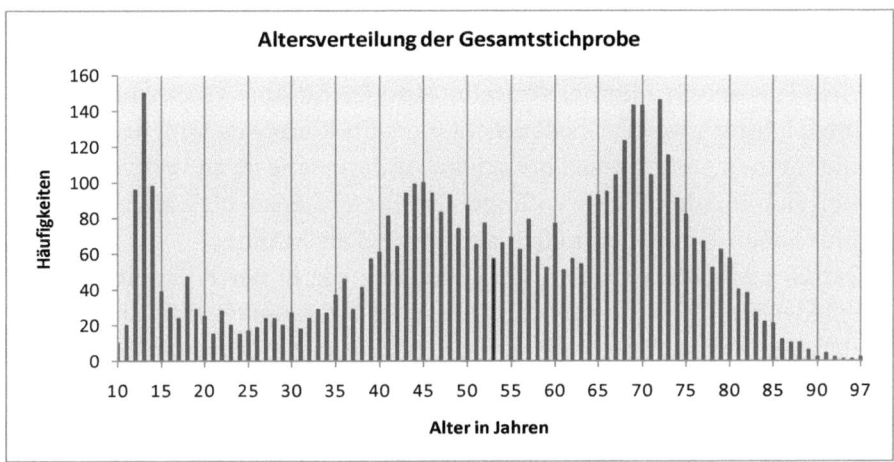

Abb. 1: Altersverteilung nach absoluten Häufigkeiten.

Um die Unterschiede im Altersaufbau zu verdeutlichen, stellt die Abbildung 2 die prozentualen Anteile der Bevölkerung in Deutschland[6] unserer Stichprobe gegenüber. Der wesentliche Unterschied liegt in dem Anteil der 65- bis 79-Jährigen, der in unserer Studie (Paderborner Studie) mehr als doppelt so hoch ist.

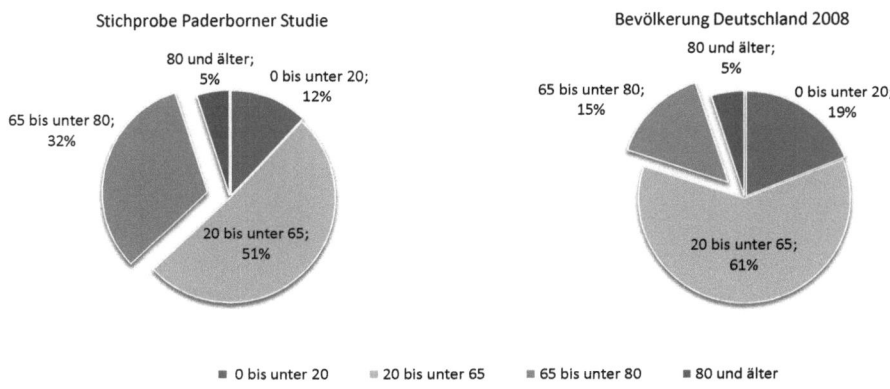

Abb. 2: Altersvergleich zwischen der Stichprobe der vorliegenden Studie (Paderborner Studie) und der Bevölkerung in Deutschland in Prozent.

---

6. Quelle: Statistisches Bundesamt: Bevölkerung Deutschlands bis 2060. 12. Koordinierte Bevölkerungsvorausberechnung (2009, S. 16).

Der hohe Frauenanteil von 65 % konstituiert sich primär durch Teilnehmerinnen aus den Altersgruppen ab 30 Jahren, in denen jeweils ca. doppelt
so viele Frauen wie Männer vertreten sind (siehe Abb. 3). Der hohe Frauenanteil könnte zweierlei bedeuten. Einerseits könnte es sein, dass Frauen
häufiger einen Gottesdienst besuchen. Andererseits ist zu vermuten, dass
Frauen sich von dem Thema »Singen im Gottesdienst« eher angesprochen
gefühlt haben, da sie gesanglich aktiver sind als Männer.

Der Geschlechtervergleich der Befragten, die in der Rolle eines Chor-
mitgliedes am Gottesdienst teilnahmen, also gesanglich aktiv sind, stützt
die letztere Vermutung. 73 % der 1.020 Chormitglieder sind in unserer
Studie weiblich. Auch die Ergebnisse der eingangs erwähnten Gospelstudie
bestätigen dieses Geschlechterverhältnis in Chören. Die repräsentative
Umfrage verzeichnet einen Frauenanteil von 70 %, bei Gospelchören sogar
von 80 % (Ahrens, 2009, 6).

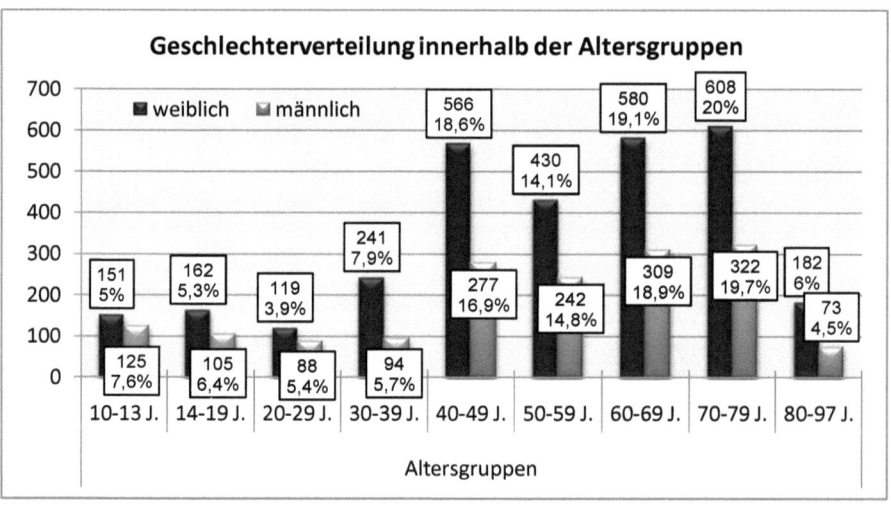

*Abb. 3: Geschlechterverteilung innerhalb der Altersgruppen. Die Prozentwerte beziehen sich auf
die jeweilige Gesamtzahl weiblicher (N = 3.039) bzw. männlicher (N = 1.635) Gottesdienstteilnehmer.*

Die vorliegende Studie zeigt ein überdurchschnittliches Bildungsniveau
(siehe Abb. 4). 30 % aller Befragten besitzen ein abgeschlossenes Studium. Weitere 22 % der Befragten haben eine Ausbildung, 13 % die allgemeine Hochschulreife (Abitur), 13 % einen Realschulabschluss und 12 %
einen Hauptschulabschluss. Im Gegensatz dazu haben nur 48 der Be-

fragten (1,1 %) zwischen 20 und 97 Jahren keinen Abschluss. Innerhalb der Schulabschlüsse liegen keine wesentlichen Geschlechterunterschiede vor.

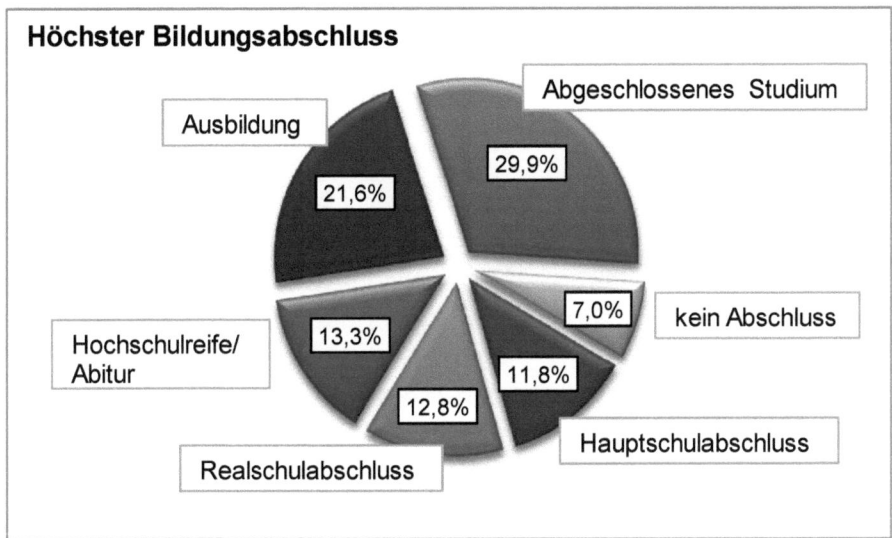

Höchster Bildungsabschluss

Abb. 4: Bildungsabschlüsse der Gesamtstichprobe in Prozent. Die Kategorie »Sonstiger Bildungsabschluss« (3,6 %) ist zugunsten der Übersichtlichkeit nicht enthalten.

Im Vergleich zum Bundesbildungsbericht des Statistischen Bundesamtes[7] liegt der Anteil der Hochschulabsolventen der vorliegenden Studie gute zehn Prozentpunkte über dem der Bundesbürger (18,7 %).

Die Tabelle 2 konkretisiert die Verteilung der Bildungsabschlüsse innerhalb der verschiedenen Altersgruppen. Folglich absolvierten 46 % der 20- bis 29-Jährigen die allgemeine Hochschulreife und über 41 % der 30- bis 49-Jährigen ein Studium.

Der Prozentanteil der höchsten Bildungsabschlüsse (Hochschulreife und abgeschlossenes Studium) sinkt ab dem Alter von 50 Jahren kontinuierlich, während der Prozentsatz des Hauptschulabschlusses von 9 % (Altersgruppe 50–59 Jahre) auf 33 % (Altersgruppe 80–97 Jahre) entsprechend steigt. Dass die Älteren insgesamt eine geringere Bildung aufweisen, dürfte damit zusammenhängen, dass die Bildung bei älteren

---

7. Quelle: Bundesbildungsbericht (2008).

Generationen tendenziell geringer ist als bei Jüngeren (Generationseffekt).

		Hauptschulabschluss	Realschulabschluss	Abitur	Ausbildung	Abgeschl. Studium	kein Abschluss	Sonstiges	Gesamt
10-13 J.	Anzahl	3	3	0	0	0	174	63	243
	%	1,2%	1,2%	,0%	,0%	,0%	71,6%	25,9%	100,0%
14-19 J.	Anzahl	9	63	38	9	0	100	29	248
	%	3,6%	25,4%	15,3%	3,6%	,0%	40,3%	11,7%	100,0%
20-29 J.	Anzahl	2	15	96	44	47	1	2	207
	%	1,0%	7,2%	46,4%	21,3%	22,7%	,5%	1,0%	100,0%
30-39 J.	Anzahl	15	34	49	77	151	1	8	335
	%	4,5%	10,1%	14,6%	23,0%	45,1%	,3%	2,4%	100,0%
40-49 J.	Anzahl	36	92	167	184	347	7	8	841
	%	4,3%	10,9%	19,9%	21,9%	41,3%	,8%	1,0%	100,0%
50-59 J.	Anzahl	62	80	88	140	288	1	6	665
	%	9,3%	12,0%	13,2%	21,1%	43,3%	,2%	,9%	100,0%
60-69 J.	Anzahl	121	145	70	242	271	7	22	878
	%	13,8%	16,5%	8,0%	27,6%	30,9%	,8%	2,5%	100,0%
70-79 J.	Anzahl	213	133	70	239	216	22	19	912
	%	23,4%	14,6%	7,7%	26,2%	23,7%	2,4%	2,1%	100,0%
80-97 J.	Anzahl	80	22	29	52	46	9	8	246
	%	32,5%	8,9%	11,8%	21,1%	18,7%	3,7%	3,3%	100,0%

Tab. 2: Bildungsabschlüsse nach Altersgruppen. Bezugsgröße der absoluten und relativen Häufigkeiten sind die Altersgruppen.

Insgesamt befinden sich 38 % der Befragten in einem Arbeitsverhältnis (selbständig, Beamtin/Beamter oder Angestellte[r]). Weitere 13 % stehen in einem Ausbildungsverhältnis (Auszubildende[r], Student[in] oder Schüler[in]). Der hohe Rentneranteil von 35 % überrascht aufgrund der Altersstruktur unserer Stichprobe nicht. Zudem ist die niedrige Erwerbslosigkeitsquote von 1 % höchstwahrscheinlich durch das hohe Bildungsniveau zu erklären. Abbildung 5 stellt die Tätigkeiten, die die Gottesdienstteilnehmer/innen zum Zeitpunkt unserer Befragung nachgingen, geschlechtsspezifisch dar.

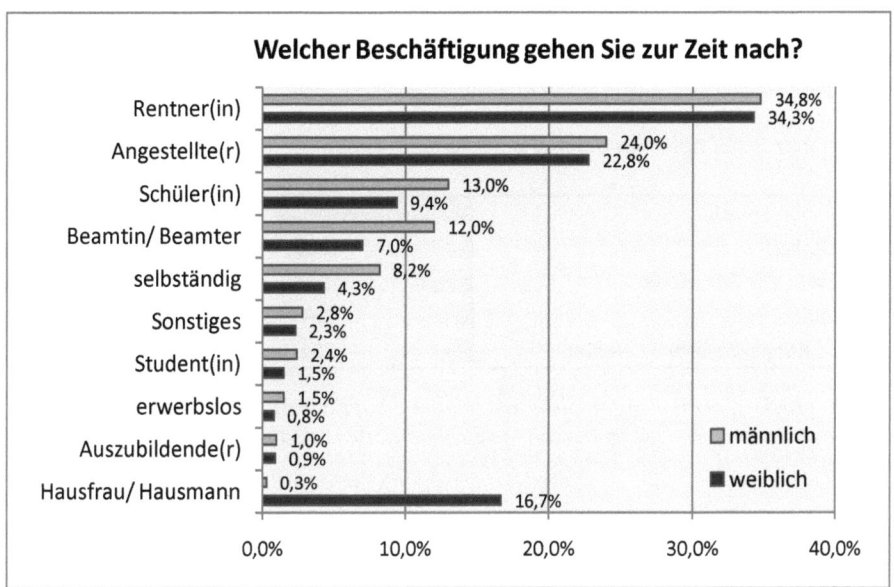

Abb. 5: Aktuelle Beschäftigung nach Geschlecht. Die Prozentwerte beziehen sich auf die gültigen Antworten weiblicher (N = 2.989) und männlicher (N = 1.619) Gottesdienstteilnehmer.

Kirchlicher Hintergrund

87% aller Gottesdienstteilnehmer/innen, die an unserer Befragung teilgenommen haben, gehören der ev. Landeskirche an, weitere 6% der katholischen Kirche, 4% der Freikirche (überwiegend junge Menschen unter 30 Jahren). Die restlichen 3% gaben an, einen anderen oder keinen kirchlichen Hintergrund zu haben.

Tabelle 3 fasst die Rolle, in denen die Gottesdienstteilnehmer/innen teilgenommen haben, zusammen. 85% der Befragten nahmen als Gemeindemitglied am Gottesdienst teil, 23% als Chormitglied, 23% als Mitarbeiter, 7% als Konfirmand und 6% als Pfarrer, Kirchenmusiker oder Küster (Mehrfachantworten waren möglich).

Zusätzliche individuelle Angaben beschrieben Gruppenzugehörigkeiten wie bspw. Musiker (z. B. Posaunistin, Organistin, Solistin, Chorleiter usw.) oder kirchliche Funktionen (Messdiener, Kirchenrat, Kirchenvorstand, Presbyter, Diakon oder auch ehrenamtliche(r) Mitarbeiter(in)). Wie manche der zusätzlichen Bezeichnungen wie bspw. Mitläufer, Mensch, Einwohnerin, Gast, katholischer Überläufer, katholischer Ehegatte, Oma oder Vater zu bewerten sind, soll an dieser Stelle nicht interpretiert werden.

In welcher Rolle nehmen Sie am Gottesdienst teil?

Gemeindemitglied	3854	85.4%
Chormitglied	1026	22.7%
Mitarbeiter der Gemeinde	1024	22.7%
Konfirmand	294	6.5%
Pfarrer, Kirchenmusiker o. Küster	254	5.6%

Tab. 3: Verteilung der Rollen (absolute und relative Häufigkeiten), in denen die Befragten am Gottesdienst teilnahmen (Aufgrund von Mehrfachantworten beläuft sich der Gesamtprozentsatz auf 143).

Da die Befragung in der Adventszeit stattfand, kann es sein, dass überwiegend Menschen am Gottesdienst teilnahmen, die den Rest des Jahres eher der Kirche fern blieben bzw. bleiben. Dementsprechend überrascht, dass 83 % mindestens einmal im Monat einen Gottesdienst besuchen und daher regelmäßige Gottesdienstteilnehmer/innen sind. 42 % davon gehen sogar öfter als zweimal im Monat in einen Gottesdienst. Demgegenüber stehen lediglich 17 % der Befragten, die eher selten, nämlich ca. ein- bis viermal im Jahr einen Gottesdienst besuchen (siehe Tab. 4). Positiv für unsere Befragung ist, dass von regelmäßigen Gottesdienstteilnehmern eine solide Singerfahrung im Gottesdienst zu erwarten ist.

Wie oft gehen Sie in den Gottesdienst?

Ca. 1 bis 4 Mal im Jahr	776	16.8%
Ca. 1 bis 2 Mal im Monat	1918	41.6%
Öfter als 2 Mal im Monat	1916	41.6%

Tab. 4: Absolute und relative Häufigkeiten der Gottesdienstbesuche.

Bedeutung der Musik und Musikpräferenzen

Musik hat im Allgemeinen einen hohen Stellenwert im Leben der Gottesdienstteilnehmer/innen. 96 % aller Befragten bewerteten die Bedeutung der Musik mit »wichtig« (39 %) oder »sehr wichtig« (57 %) (siehe Abb. 6). Der Mittelwert von 3,52 liegt deutlich im oberen Skalenbereich[8] und unterscheidet sich nicht signifikant hinsichtlich Geschlecht oder Alter, was bedeutet, dass der Stellenwert der Musik für Frauen und Männer, für Jung und Alt, gleichermaßen hoch ist.

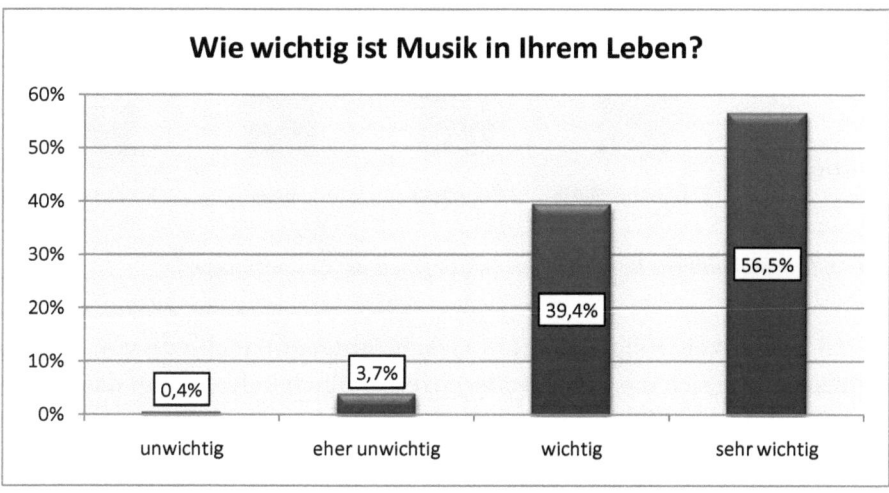

Abb. 6: Bedeutung der Musik der Gesamtstichprobe in Prozent.

---

8. (1 = unwichtig bis 4 = sehr wichtig; SD = 0,59).

Hinsichtlich der Musikpräferenzen wird Klassische Musik[9] am liebsten gehört, gefolgt von Pop/Rock,[10] Jazz[11] und der Volksmusik[12] (siehe Abb. 7).

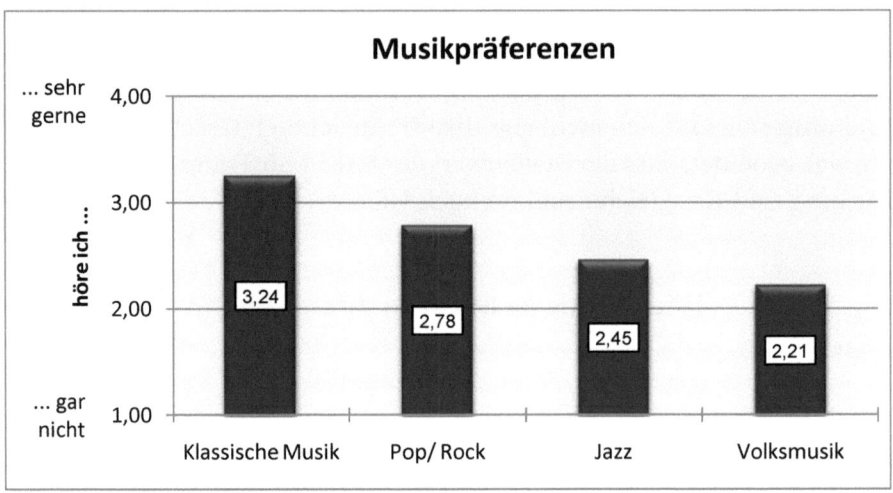

Abb. 7: Durchschnittliche Beurteilung der Musikgenres der Gesamtstichprobe.

Dabei liegen keine signifikanten Geschlechterunterschiede vor, jedoch unterscheiden sich die Musikpräferenzen deutlich in Bezug auf das Alter[13] und Bildungsniveau[14].

Die Abbildung 8 veranschaulicht die Präferenzunterschiede zwischen den Altersgruppen. Pop- und Rockmusik gefällt Befragten im Jungendalter und jungen Erwachsenenalter am meisten (M = 3,5).[15] Ab dem Alter von 50 Jahren sinken die Präferenzurteile der jeweiligen Altersgruppen um ca. 2 Skalenpunkte auf einen Durchschnittswert von M = 1,43[16] bei den 80- bis 97-Jährigen. Die Präferenz zu Klassischer Musik und Volks-

---

9.   (M = 3,24; SD = 0,84).
10. (M = 2,78; SD = 1,03).
11. (M = 2,45; SD = 0,9).
12. (M = 2,21; SD = 1,01).
13. (Einfaktorielle Varianzanalyse [ANOVA]; df = 8; F = 188,13; p < .001; Eta-Quadrat = 0,257; Eta-Quadrat > 0,25 = mittlerer Effekt).
14. Chi-Quadrat-Tests & Einschätzung der Effektgröße anhand Cramers V (schwacher Zusammenhang = V < 0,2; mittlerer Zusammenhang V = 0,2–0,6 und großer Zusammenhang V = > 0,6).
15. 10–13 J. (M = 3,5, SD = 0,68) / 14–19 J. (M = 3,5, SD = 0,70) / 20–29 J. (M = 3,47, SD = 0,71).
16. SD = 0,58.

musik verläuft im entgegengesetzten Trend und ist bei jenen beliebt, die 50 Jahre oder älter sind. Jazzmusik, die rund um den Skalenmittelpunkt bewertet wird, zeigt die sinkende Tendenz erst ab dem Alter von 70 Jahren, wird jedoch von Befragten ab 60 Jahren der Pop- und Rockmusik vorgezogen.

Nennenswerte Unterschiede sind in den Altersgruppen 20–29, 50–59 und 60–69 zu finden, da sich in diesen die Rangfolgen der Musikpräferenzen verändern. So positioniert sich die Klassische Musik in der Altersgruppe 50–59 Jahre auf den ersten Gefallensrang und verdrängt die Pop- und Rockmusik auf den zweiten Rang. Das bedeutet jedoch nicht, dass die Probanden im Alter eine Vorliebe für Klassische Musik und Volksmusik entwickeln, sondern es handelt sich hierbei um einen typischen Generationseffekt.

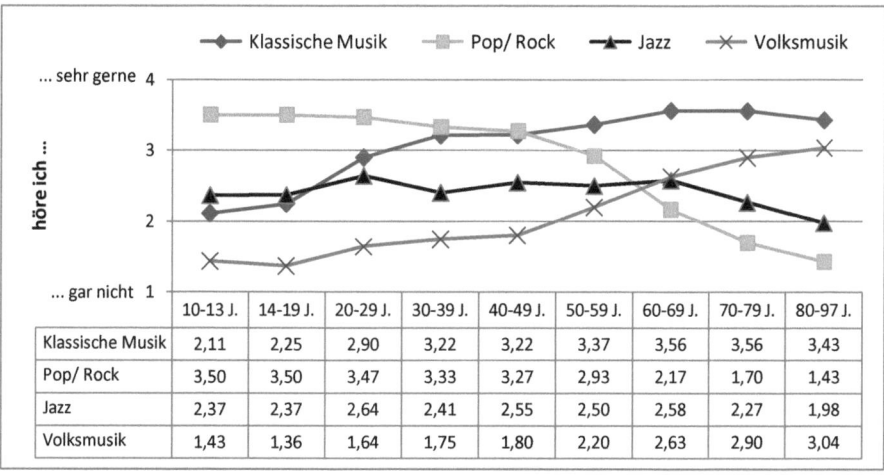

Abb. 8: *Durchschnittliche Beurteilung der Musikgenres nach Altersgruppen.*

Tabelle 5 illustriert Unterschiede in der Beurteilung der Musikgenres hinsichtlich der verschiedenen Bildungsabschlüsse. Statistische Analysen zeigen, dass das Bildungsniveau einen bedeutenden Einfluss auf alle der vier Musikgenres hat. Den größten Einfluss hat das Bildungsniveau auf die Kategorie »Klassische Musik«[17] und »Volksmusik«[18]. Schwache, aber

---

17. Chi-Quadrat-Test (χ^2 = 987,43; df =18; p < .001, Cramers V = ,278).
18. Chi-Quadrat-Test (χ^2 = 839,05; df =18; p < .001, Cramers V = ,263).

dennoch signifikante Effekte zeigen sich zudem bei der Pop- und Rockmusik[19] und dem Jazz.[20]

	Hauptschul-abschluss	Realschul-abschluss	Abitur/Hochschulreife	Ausbildung	Abgeschlossenes Studium	kein Abschluss
Klassische Musik	3.11	3.28	3.26	3.29	3.55	2.15
Pop/ Rock	2.21	2.69	3.05	2.60	2.77	3.34
Jazz	2.02	2.42	2.50	2.36	2.68	2.26
Volksmusik	3.14	2.33	1,96	2.49	1,94	1,61

Tab. 5: Durchschnittliche Beurteilung der Musikgenres nach höchstem Bildungsabschluss.

Vergleicht man bspw. Gottesdienstteilnehmer/innen mit einem Hauptschulabschluss mit denen, die ein abgeschlossenes Studium haben, so liegen bei der erstgenannten Gruppe die durchschnittlichen Gefallensurteile hinsichtlich der Volksmusik ca. einen Skalenpunkt höher. Des Weiteren wird Pop- und Rockmusik primär von Schülern, die noch keinen Abschluss haben, präferiert. Das schlechte Abschneiden der Pop- und Rockmusik bei Gottesdiensteilnehmern/innen mit Hauptschulabschluss kann durch die Variable Alter erklärt werden, da 77 % der Befragten dieser Kategorie älter als 59 Jahre sind.

Interessanterweise hat die Kategorie »Klassische Musik« unabhängig des Bildungsniveaus die höchste Bedeutung. Eine mögliche Erklärung wäre hier, dass weniger das Bildungsniveau, sondern das Alter als zentrale Einflussgröße agiert.

Die Musikvorlieben der Gottesdienstteilnehmer/innen lassen sich jedoch nicht ausschließlich auf die vier Musikstile beschränken. 825 (18 %) der Befragten gaben weitere Musikvorlieben an, die in den folgenden Musikgenres zusammengefasst wurden: Hip Hop/Rap, Geistliche Musik, Weltmusik, Elektronische Musik, Blues/Swing, Alternative/Heavy Metal/Punk, (Deutscher) Soul/R'n'B (Rhythm and Blues), Vokalmusik, Country/Folk, Musicals/Filmmusik.

Einstellung zum Singen im Allgemeinen

Singen im Allgemeinen ist für die gesamte Stichprobe sehr wichtig (M = 3,26).[21] 86 % der Befragten gaben an, dass Singen für sie persönlich »wich-

---

19. Chi-Quadrat-Test (χ^2 = 283,60; df=18; p < .001, Cramers V = ,160).
20. Chi-Quadrat-Test (χ^2 = 188,42; df=18; p < .001, Cramers V = ,130).
21. (1 = »unwichtig« bis 4 = »sehr wichtig«; SD = 0,75).

tig« (43 %) oder »sehr wichtig« (42 %) ist. Demgegenüber stehen nur 14 %, die mit »eher unwichtig« (12 %) oder »unwichtig« (2 %) antworteten (siehe Abb. 9). Die Durchschnittswerte der Bedeutung des Singens liegen im Geschlechtervergleich bei den weiblichen Befragten etwas höher[22], unterscheiden sich statistisch jedoch nicht signifikant. Auch das Alter hat keinen bedeutenden Einfluss, jedoch aber die Rolle, in der Gottesdienstteilnehmer/innen am Gottesdienst teilnehmen (siehe Abschnitt »*Wie unterscheiden sich Chormitglieder zum Rest der Stichprobe?*«).

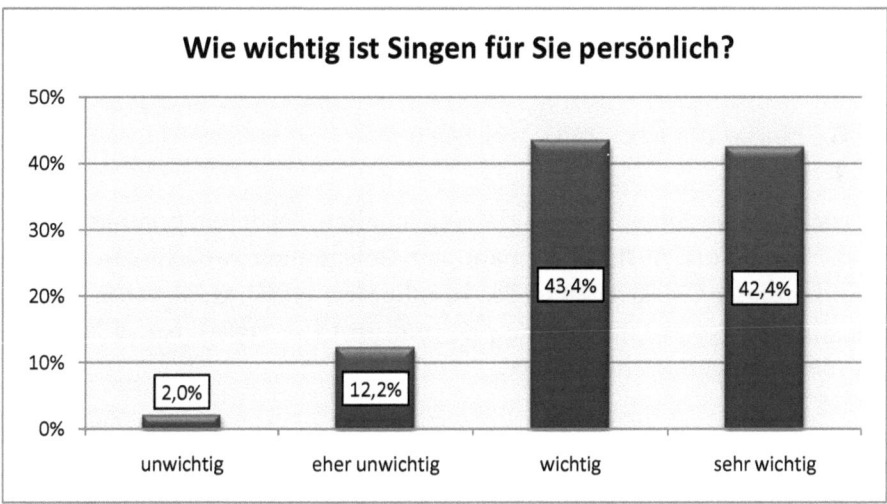

Abb. 9: Bedeutung des Singens in Prozent.

Ebenso eindeutig verhält es sich mit der Singfreude. Im Durchschnitt singen Gottesdienstteilnehmer/innen sehr gerne (M = 2,45).[23] Abbildung 10 zeigt, dass über die Hälfte (54 %) der Gottesdienstteilnehmer/innen »sehr gern«, weitere 38 % »gern« und nur 9 % »ungern« singen. Die Singfreude ist bei Gottesdienstteilnehmerinnen im Durchschnitt unbedeutend höher,[24] allerdings variieren die Durchschnittswerte zwischen den Altersgruppen, was im Abschnitt »*Selbsteinschätzung der eigenen Singfähigkeit und Gefallen der eigenen Stimme*« näher erläutert wird.

---

22. (M = 3,4, SD = 0,67 bei den Frauen; M = 3,01, SD = 0,81 bei den Männern).
23. (1 = »ungern« bis 3 = »sehr gern«; SD = 0,65).
24. (M = 2,57, SD = 0,58 bei den Frauen; M = 2,23, SD = 0,71 bei den Männern).

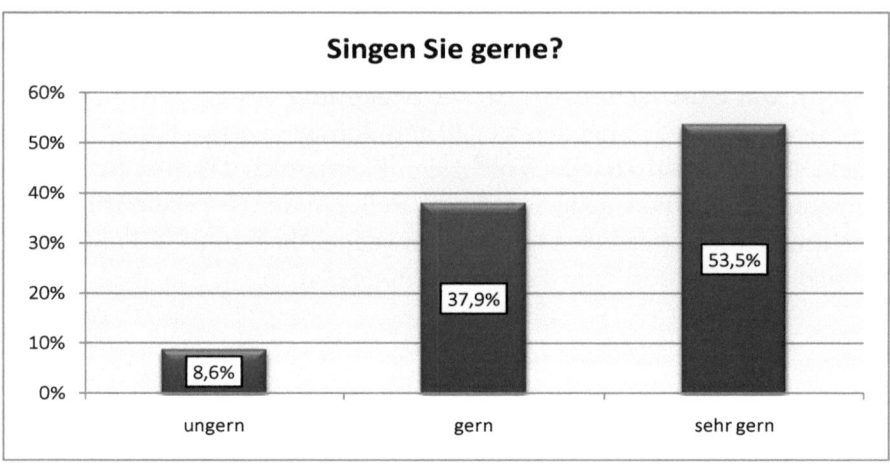

Abb. 10: Einschätzung der Singfreude in Prozent.

Hinsichtlich der Situationen und Gelegenheiten, bei denen gesungen wird, ist die Kirche mit Abstand die häufigste Gelegenheit zum Singen (89%). Zweithäufigste Gelegenheit ist das Familienfest (53%), gefolgt vom Singen mit Kindern (50%), im Auto (44%) und im Chor (35%). Nur 2% gaben an, nie zu singen (siehe Abb. 11).

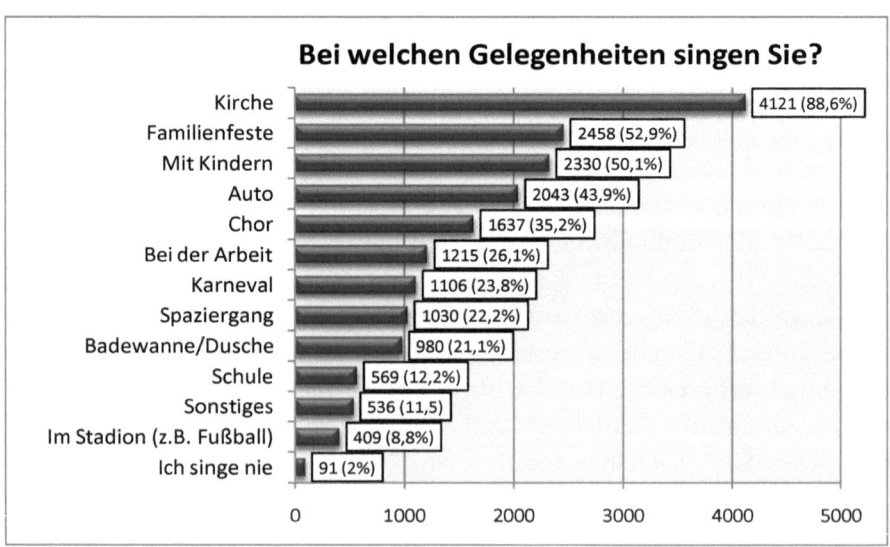

Abb. 11: Absolute und relative Häufigkeiten der Situationen, in denen gesungen wird (Mehrfachantworten möglich).

Eine altersspezifische Auswertung ist hier notwendig, da ansonsten ein verzerrtes Bild entsteht. So zeigt bspw. Abbildung 11, dass nur 12 % der Befragten in der Schule singen, da sich dieser Anteil auf die gesamte Stichprobe bezieht. Durch die altersspezifische Auswertung liegt bspw. der Anteil der 10–13-Jährigen, die in der Schule singen, bei 46 %. Aus Platzgründen ist die komplette altersspezifische Auswertungstabelle im Anhang B zu finden.

Ergänzungen der Befragten zu weiteren Singsituationen waren bspw. zu Hause bei alltäglichen Hausarbeiten wie Bügeln, Kochen oder Gartenarbeit. Anmerkungen wie »Radio«, »Viva« (Musik-TV-Sender) oder auch »Singen am Klavier« lassen vermuten, dass die Befragten zu einem Lied mitsingen und nicht aus eigenem Impuls ein Lied anstimmen.

Offen hierbei bleibt jedoch die Frage, ob in den angegebenen Situationen der Abbildung 11 regelmäßig gesungen wird oder ob es sich nur um Einzelfälle handelt. So könnte es sein, dass bspw. jemand sich erinnert, wie er bei der letzten WM im Stadion die Nationalmannschaft singend angefeuert hat, ansonsten aber kein Fußballfan ist und auch nicht andere Fußballspiele im Stadion mitverfolgt.

Zusammenfassend kann man sagen, dass bei den Befragten dieser Stichprobe eine durchweg positive Einstellung zum Singen vorliegt. Singen hat eine hohe Bedeutung und wird in unterschiedlichsten Alltagssituationen praktiziert. Die Kirche zählt dabei zu einem der zentralen Orte, wo regelmäßig gesungen wird bzw. der mit Singaktivität eng verbunden ist.

Selbsteinschätzung der eigenen Singfähigkeit und Gefallen der eigenen Stimme

Die durchschnittliche Fähigkeit, Lieder zu singen (M = 2,59)[25] und die Gefallensurteile bezüglich der eigenen Stimme (M = 2,67)[26] liegen bei den Befragten im Durchschnitt jeweils knapp über dem Skalenmittelpunkt, was bedeutet, dass bei der Selbsteinschätzung auf die Gesamtheit betrachtet keine eindeutige Tendenz vorliegt. Anhand der jeweiligen Häufigkeitsverteilung (siehe Abb. 12 und 13) lässt sich jedoch ablesen, dass über die Hälfte der Gottesdienstteilnehmer/innen ihre Singfähigkeit sowie das Gefallen der eigenen Stimme mit mindestens »gut« einschätzen. Die Selbst-

---

25. (1 = »schlecht« bis 4 = »sehr gut«; SD = 0,85).
26. (1 = »gar nicht« bis 4 = »sehr gut«; SD = 0,68).

einschätzungen sind im Geschlechtervergleich nahezu identisch. Mit anderen Worten bedeutet dieses, dass jeder zweiten Gottesdienstteilnehmerin und jedem zweiten Gottesdienstteilnehmer ihre/seine Stimme gut gefällt und sie/er der Meinung ist, gut singen zu können.

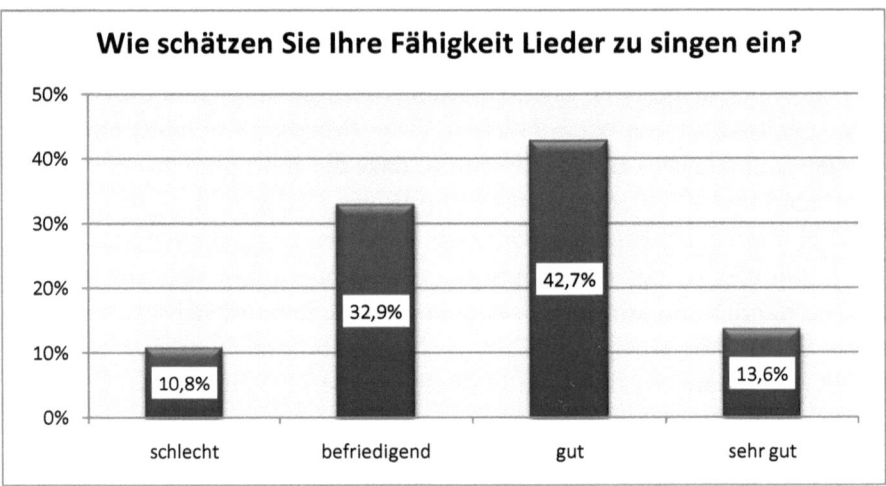

Abb. 12: Selbsteinschätzung der Singfähigkeit in Prozent.

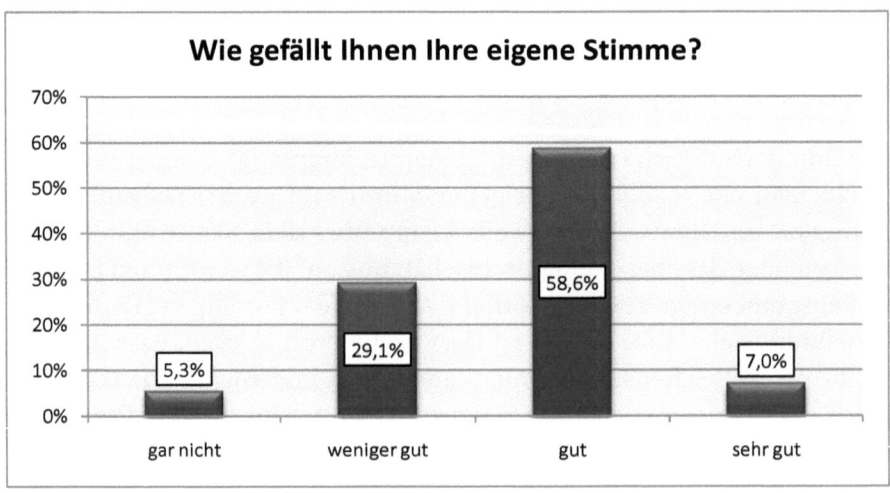

Abb. 13: Gefallen der eigenen Stimme in Prozent.

Wie bereits erwähnt, gibt es Unterschiede zwischen den Altersgruppen hinsichtlich der Bedeutung des Singens, der Fähigkeit des Singens und der Gefallensurteile der eigenen Stimme. Die Abbildung 14 illustriert die Gruppenunterschiede anhand der Mittelwerte, die wie folgt zusammengefasst werden können:

Erstens, in allen Altersgruppen liegt die persönliche Bedeutung des Singens über der Singfähigkeit bzw. dem Gefallen der eigenen Stimme. Gottesdienstteilnehmer/innen zwischen 60 und 69 Jahren ist das Singen im Durchschnitt am Wichtigsten. Bis zu dieser Altersgruppe gilt, je älter die Befragten, desto höher die persönliche Bedeutung des Singens. Dieser positive Zusammenhang zwischen Alter und der persönlichen Bedeutung des Singens ist vorhanden, die Höhe der Korrelation fällt jedoch äußerst gering[27] aus und ist daher als wenig bedeutend zu bewerten.

Zweitens, die Bestleistung, Lieder zu singen, scheint im Alter zwischen 30 und 39 Jahren erreicht zu sein, bleibt jedoch recht konstant im höheren Alterssegment.

Drittens, die Gefallensurteile hinsichtlich der eigenen Stimme verlaufen nahezu parallel zu der Singfähigkeit und liegen nur unwesentlich über deren Durchschnittswerte.

Viertens, es besteht ein bedeutender positiver Zusammenhang zwischen der Singfähigkeit und dem Gefallen der eigenen Stimme. Je höher die Gefallensurteile in Bezug auf die eigene Stimme ausfallen, desto höher wird auch die eigene Singfähigkeit eingeschätzt.[28]

---

27. (Befragte zwischen 10–69 Jahren, Bivariate Korrelation, $r = .185$, $p < .01$). In der Fachliteratur gelten Korrelationskoeffizienten ab $r =< .10$ als »kleiner«, $r =< .30$ als »mittlerer« und $r =< .50$ als »großer« Effekt (Bortz & Döring, 2006, S. 606).
28. (Bivariate Korrelation, $r = .662$, $p < .01$).

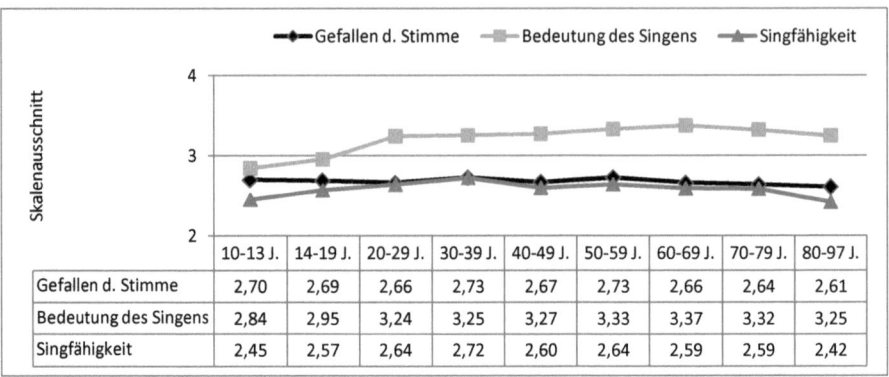

	10-13 J.	14-19 J.	20-29 J.	30-39 J.	40-49 J.	50-59 J.	60-69 J.	70-79 J.	80-97 J.
Gefallen d. Stimme	2,70	2,69	2,66	2,73	2,67	2,73	2,66	2,64	2,61
Bedeutung des Singens	2,84	2,95	3,24	3,25	3,27	3,33	3,37	3,32	3,25
Singfähigkeit	2,45	2,57	2,64	2,72	2,60	2,64	2,59	2,59	2,42

Abb. 14: Darstellung der Mittelwerte der Singfreude, Bedeutung des Singens und Singfähigkeit nach Altersgruppen (Skalenausschnitt[29]).

Wie unterscheiden sich Chormitglieder zum Rest der Stichprobe?

Weitere Analysen zeigen, dass Chormitglieder die Bedeutung des Singens[30] sowie ihre Singfähigkeit[31] signifikant höher einschätzen als der Rest der Gottesdienstteilnehmer/innen. Die durchschnittlichen Gefallensurteile der eigenen Stimme fallen bei den Chormitgliedern ebenfalls höher aus.[32] Abbildung 15 zeigt eine Zusammenfassung der Kennwerte der Vergleichsgruppen. Insgesamt zeichnet sich das Bild ab, dass die Angaben der Chormitglieder überwiegend mit denen der Gemeindemitglieder übereinstimmen.

---

29. Wie schätzen Sie Ihre Fähigkeit, Lieder zu singen, ein? (Singfähigkeit) 2 = »befriedigend« bis 4 = »sehr gut«. Wie gefällt Ihnen Ihre eigene Stimme? (Gefallen der Stimme) 2 = »weniger gut« bis 4 = »sehr gut« und Wie wichtig ist Singen für Sie persönlich? (Bedeutung des Singens) 2 = »eher unwichtig« bis 4 = »sehr wichtig«.
30. T-test für unabhängige Stichproben ($t = 24{,}43$; $df = 4608$; $p < .001$; d = 0,611; d ≥ 0,5 < 0,8 = mittlerer Effekt).
31. T-test für unabhängige Stichproben ($t = 26{,}08$; $df = 4595$; $p < .001$; d = 0,741; d ≥ 0,5 < 0,8 = mittlerer Effekt).
32. T-test für unabhängige Stichproben ($t = 18{,}62$; $df = 4599$; $p < .001$; d = 0,437; d > 0,2 < 0,5 = kleiner Effekt).

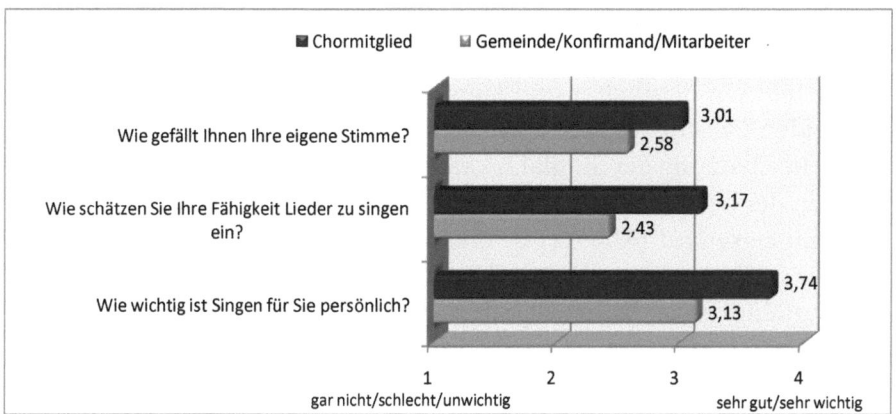

Abb. 15: *Durchschnittliche Beurteilungen im Vergleich zwischen Chormitgliedern und Gemeindemitgliedern.*

Zwischenfazit: Welche Einstellungen haben Gottesdienstbesucher/innen generell zum Singen, zur eigenen Stimme, zur Musik?

Musik hat eine hohe Bedeutung im alltäglichen Leben der Gottesdienstteilnehmer/innen. Deutlich in der Beurteilung der Musikpräferenzen werden Generations- und Bildungsunterschiede. Vereinfacht lässt sich der Verlauf innerhalb der Altersgruppen wie folgt zusammenfassen: Die Bedeutung von Pop- und Rockmusik nimmt mit steigendem Alter kontinuierlich ab. Gegenläufig dazu steigt die Bedeutung von Klassischer Musik sowie Volksmusik. Die Jazzmusik wird »akzeptiert« und bleibt unverändert in ihrer Bedeutung um den Skalenmittelpunkt. Wesentliche Unterschiede zeigen sich zwischen den Altersgruppen 50 bis 59 und 60 bis 69 Jahre. Befragte, die 50 Jahre und älter sind, bevorzugen Klassische Musik gegenüber Volks- und Jazzmusik und insbesondere Pop- und Rockmusik. Ab der Altersgruppe 60 rückt die Volksmusik auf den zweiten Rangplatz und liegt in Hinblick der Bedeutung über der Jazz- als auch der Pop- und Rockmusik. Inwieweit allgemeine Musikpräferenzen Einfluss auf die erhobenen christlichen Liedpräferenzen haben, ist eine Folgefrage.

Hinsichtlich der Einstellung zum Singen ist festzuhalten, dass Singen eine große Bedeutung für die Gottesdienstteilnehmer/innen hat und diese dieses auch gerne tun. Der Vergleich der verschiedenen Dimensionen zeigt, dass die *Sing-Motivation* (Bedeutung des Singens, hier: »Wie wichtig ist Singen für Sie persönlich?«) deutlich stärker ausgeprägt ist als die *Sing-Ressourcen* (»Gefallen der eigenen Stimme« und die »Singfähigkeit«). Ferner besteht ein deutlicher und signifikanter Zusammenhang zwischen den beiden Parametern der Sing-Ressourcen.[33] Dieses bedeutet, dass die Selbsteinschätzung der Singfähigkeit einen wesentlichen Einfluss auf das Gefallen der eigenen Stimme hat.

Im Einzelverlauf (Abb. 14) ist erkennbar, dass die Bedeutung des Singens bis ins hohe Alter einen hohen Stellenwert hat, obwohl gleichzeitig die Singfähigkeit an ihrem »Tiefpunkt« angelangt ist. Um den Gemeindegesang zu verbessern, wäre eine weiterführende Frage, wie die vorhandene Motivation der Gottesdienstteilnehmer/innen genutzt werden kann, um deren Singkompetenzen weiterzuentwickeln. Denn wie wir im weiteren Verlauf sehen werden, haben diese drei Faktoren einen bedeutenden Einfluss darauf, ob im Gottesdienst mitgesungen wird oder nicht.

Der nächste Abschnitt beschreibt Ergebnisse des Fragebogenteils, der Fragen zu christlichen Liedern und Gottesdienstliedern beinhaltet.

Wer singt im Gottesdienst mit?

Nach Angaben der Befragten singen 68 % »immer« mit und nur 1 % scheinen »nie« mitzusingen (siehe Abb. 16). Im Durchschnitt liegt die Tendenz, im Gottesdienst mitzusingen, bei M = 3,6,[34] was auf aktives Mitsingen der Stichprobe hindeutet.

---

33. Bivariate Korrelation ($r = .662$, $p < .01$).
34. (1 = nie bis 4 = immer; SD = 0,66).

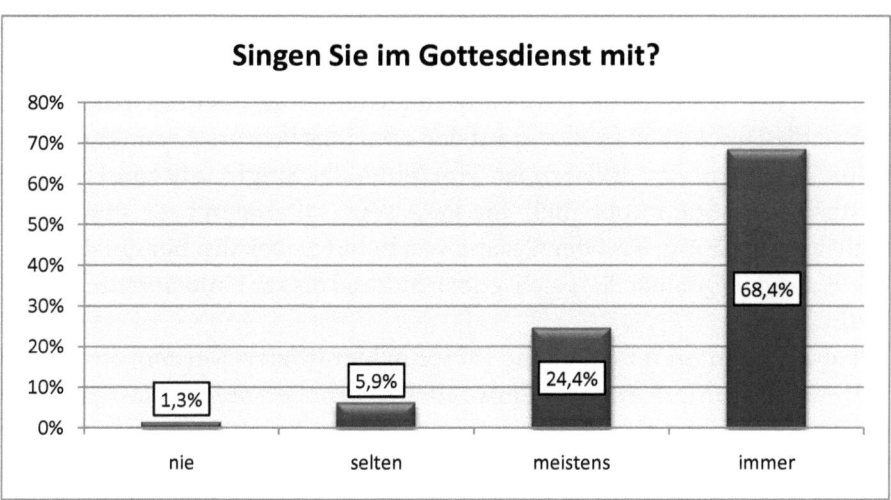

Abb. 16: Singbeteiligung im Gottesdienst in Prozent.

Interessant sind wiederum die Unterschiede zwischen den Altersgruppen (siehe Abb. 17). Prinzipiell gilt, dass je älter (bis zu einem Alter von 70 Jahren) die Gottesdienstteilnehmer/innen sind, desto häufiger singen sie mit. Jedoch ist der Anstieg der Mittelwerte statistisch zu gering, um als bedeutend interpretiert zu werden. Ein Rückgang ist ab dem Alter von 80 Jahren zu verzeichnen. Die Durchschnittswerte dieser Altersgruppe liegen jedoch noch über denen der 10–49-Jährigen (siehe Abb. 17).

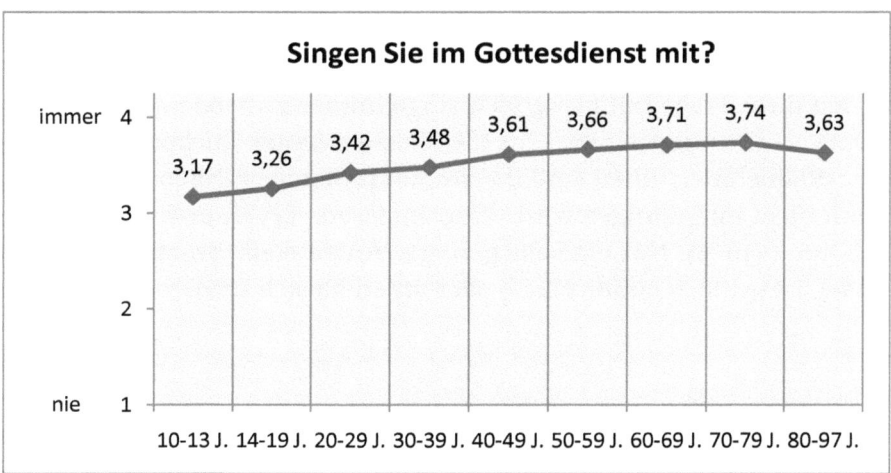

Abb. 17: Durchschnittswerte der Singbeteiligung nach Altersgruppen.

Zu unserer Überraschung zeigen diese Ergebnisse auf quantitativer Ebene ein sehr positives Bild des Gottesdienstgesanges. Da anscheinend ein Großteil der Befragten aktiv im Gottesdienst mitsingt, stellt sich die Frage, womit die Diskrepanz in Bezug auf den eingangs beschriebenen dürftigen Gemeindegesang zu erklären ist. Von fehlender Singfreude kann zumindest in dieser Stichprobe nicht die Rede sein. Mitsingen bedeutet jedoch nicht zwangsläufig, dass der Gesang von hoher musikalischer Qualität ist. Die Frage der Qualität lässt sich jedoch anhand dieser Untersuchung nicht beantworten.

Jedoch konnten verschiedene Faktoren identifiziert werden, die im positiven Zusammenhang mit dem Mitsingverhalten stehen. Der stärkste positive Zusammenhang besteht zwischen der Singbeteiligung und der Einstellung zum Singen – also ob jemand im Allgemeinen gerne singt[35] – sowie der persönlichen Bedeutung des Singens.[36] Dieses sind auch die Faktoren, die zuvor als *Sing-Motivation* zusammengefasst wurden. Die *Sing-Ressourcen*, die Fähigkeit, Lieder zu singen,[37] und der Gefallen der eigenen Stimme[38] haben einen geringeren Einfluss auf die Singbeteiligung. Zudem beeinflusst das Alter[39] das Mitsingen, auch wenn dieses nur eine untergeordnete Rolle spielt. Mit anderen Worten: Die Gottesdienstteilnehmer/innen, die einen positiven Bezug zum Singen und zur eigenen Stimme aufweisen, sind auch diejenigen, die am häufigsten mitsingen.

Die Frage »Wenn sie nicht mitsingen, was machen Sie dann im Allgemeinen?« wurden von 959 Befragten (20 % der gesamten Stichprobe) nicht beantwortet. Zudem nutzten 238 (ca. 5 % der 3.715 Befragten, die diese Frage beantwortet haben) die »Sonstiges«-Kategorie und kommentierten diese Frage mit bspw. »ich singe immer mit« oder »das kommt nicht vor«. Bezogen auf die 3.715 (80 % der gesamten Stichprobe) Gottesdienstteilnehmer/innen sind die am häufigsten gewählten Tätigkeiten, wenn nicht mitgesungen wird, »Text mitlesen« (43 %) und »interessiert zuhören« (36 %). Nur ein sehr geringer Anteil denkt an etwas anderes (12 %), ist peinlich berührt (2 %) oder unterhält sich (1 %).

---

35. Bivariate Korrelation ($r = .458, p < .01$).
36. Bivariate Korrelation ($r = .434, p < .01$).
37. Bivariate Korrelation ($r = .403, p < .01$).
38. Bivariate Korrelation ($r = .353, p < .01$).
39. Bivariate Korrelation ($r = .23, p < .01$).

Gründe, die das Singen fördern oder auch hindern

Die Abbildungen 18 und 19 geben eine Übersicht über die Einschätzung der Gründe, die das Singen erleichtern bzw. erschweren. Bei der Gegenüberstellung der Gründe fällt auf, dass die Vertrautheit als auch der Gefallen eines Gottesdienstliedes für die Befragten von substanzieller Bedeutung ist. Zudem verweist die positive Korrelation auf einen bedeutenden Zusammenhang zwischen den beiden Aspekten *Gefallen* und *Vertrautheit*.[40] Dieses lässt erkennen, dass die Vertrautheit eines Gottesdienstliedes sich positiv darauf auswirkt, ob man ein Lied mag oder nicht.

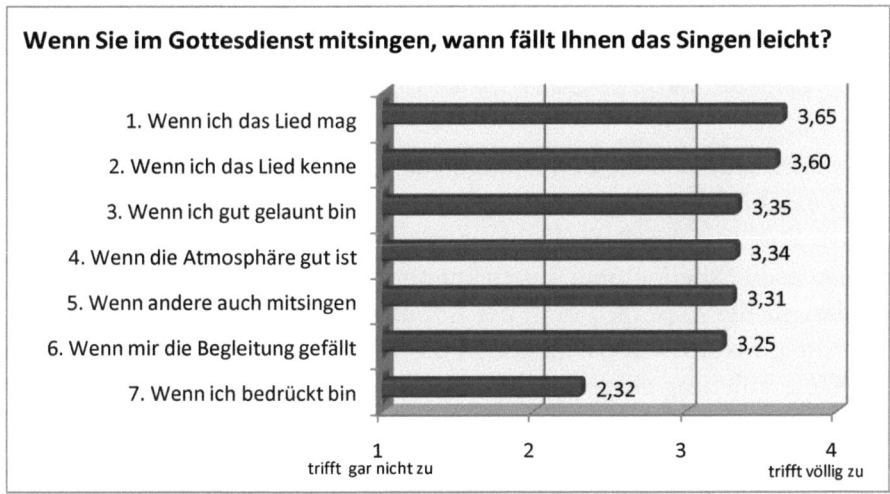

Abb. 18: *Durchschnittswerte der Gründe, die das Singen fördern.*

---

40. Bivariate Korrelation ($r = .619$, $p \le .01$).

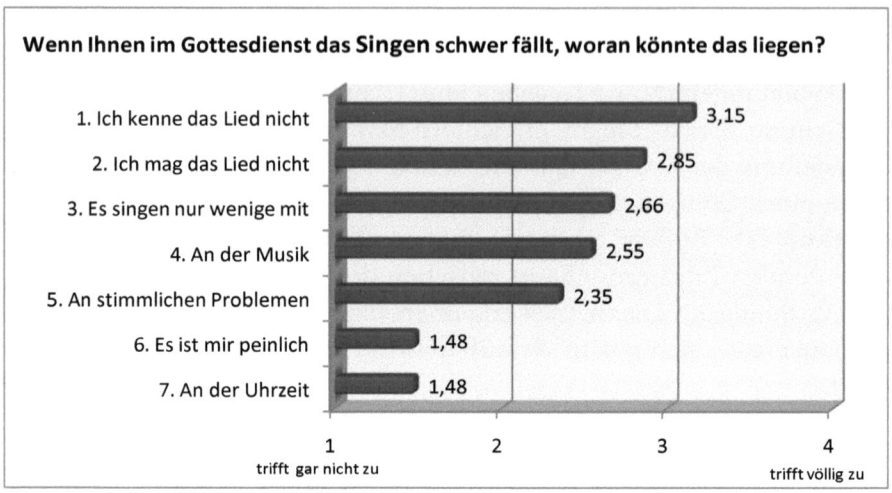

Abb. 19: *Durchschnittswerte der Gründe, die das Singen hindern.*

Des weiteren deuten die Bewertungen der Gründe darauf hin, dass soziale sowie emotionale Aspekte einen positiven Einfluss auf das Singverhalten haben. Eine positive Befindlichkeit, die Atmosphäre und das Mitsingen der Gottesdienstteilnehmer/innen können als wichtige Faktoren eingestuft werden, da die Aspekte 3 bis 5 der Abbildung 18 deutlich über dem Skalenmittelpunkt (M = 2.5) liegen. Zudem wird die Begleitung als eine wichtige Unterstützung eingestuft (Aspekt 6).

231 (4,9 %) der Befragten liefern zusätzliche, individuelle Angaben, was sie beim (Mit-) Singen unterstützt. Die Kommentare lassen sich größtenteils den verwendeten Fragebogenkategorien (1 bis 7) zuordnen. Bemerkungen wie »wenn die Orgel gut gespielt wird« oder »wenn der Pastor laut vorsingt« sprechen die Führungsqualitäten der Liedbegleitung bzw. die Anleitung an. Neben Kommentaren, die die Atmosphäre (bspw. »bei festlichen Anlässen« oder »in großer Runde«) und den persönlichen Bezug (bspw. »Lieder aus Kindheit, Jugend und Konfirmation«, »wenn ich gesund bin« oder »beim Gedanken, dass Gott bei mir ist«) beschreiben, zielt eine Vielzahl von Anmerkungen auf musikalische Parameter der Gesänge. Das Mitsingen fällt somit leichter, wenn die Gottesdienstlieder einen zugänglichen Text (z. B. »Wenn ich dem Text zustimme«), eine zugängliche Melodie (z. B. »schöne, leichte, relativ gleichmäßige Melodie«), einen nachvollziehbaren Rhythmus (z. B. »wenn ich den Groove habe«), Durtonarten (z. B. »mag keine Lieder in Moll«), aber vor allem auch eine

passende Tonlage haben. Die passende Tonlage wird vielfach explizit genannt.

Auf der anderen Seite sind die beiden Hauptgründe, die das Mitsingen hindern, komplementär zu den unterstützenden Aspekten und bestätigen das Bild, dass der Gefallen und die Vertrautheit eines Liedes als Hauptmotivatoren einzuschätzen sind. Auch die 275 (5,9 %) zusätzlichen, individuellen Hinderungsgründe der Befragten beziehen sich überwiegend auf musikalische Aspekte wie Tonlage »Tonlage zu hoch«, Melodie »Melodie zu schwer«, Rhythmus »schwieriger Rhythmus«, Text »veralteter und schwer verständlicher Text« oder persönliche Umstände wie bspw. die psychische und physische Verfassung »wenn ich bedrückt bin« bzw. »wenn ich erkältet bin«. Interessanterweise zeigen die individuellen Ergänzungen der Gottesdienstteilnehmer/innen auf die Frage, was sie am Singen hindert, dass die Qualität der Liedbegleitung und insbesondere die der Orgelbegleitung für das Mitsingen nicht zu unterschätzen ist. Die folgenden Kommentare sollen dieses verdeutlichen: »Begleitung ist zu holprig«, »Begleitung, Führung zu schwach«, »Orgel passt nicht zum Gemeindegesang«, »Orgel zu hoch«, »Orgel zu laut« oder »Wenn die Orgel sich immer den langsamsten Sängern anpasst«. Im positiven Sinne zeigt dieses zweierlei: zum einen, dass die singende Gemeinde sensibel auf die Liedgestaltung reagiert und zum anderen einen Qualitätsanspruch hinsichtlich des Gottesdienstgesanges hat.

Vorlieben bei Liedern und Begleitung

Bei der Vergabe von Mehrfachantworten für Liedpräferenzen sind es neue geistliche Lieder (NGL; 77 %), Choräle (77 %) und liturgische Gesänge (69 %), die von mehr als zwei Dritteln der Befragten gerne mitgesungen werden. Weniger beliebt sind Anbetungslieder/Praise und Worship (31 %). Die Abbildung 20 gibt eine vollständige Übersicht der Gesänge. Inwieweit die Befragten mit den einzelnen Gesängen vertraut sind, wurde nicht erhoben.

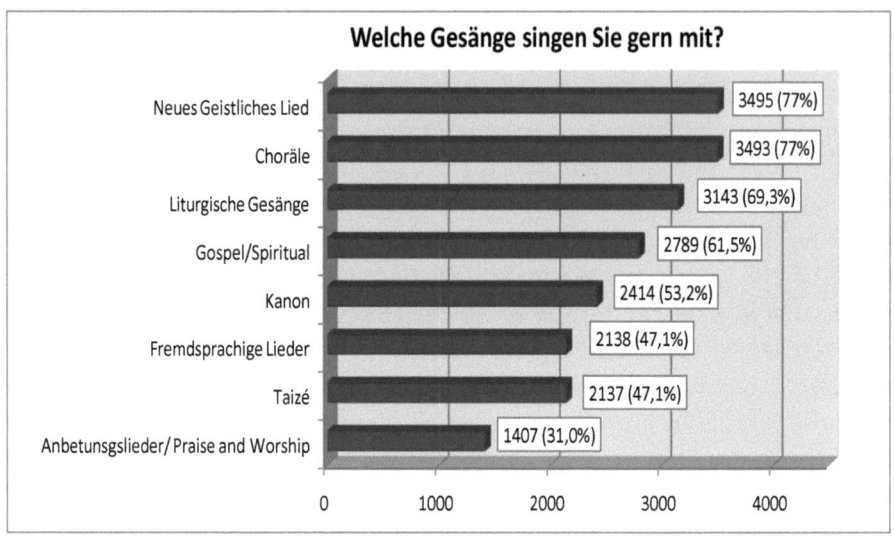

Abb. 20: Rangordnung der Gesänge, die gerne mitgesungen werden (Mehrfachantworten möglich).

Die altersspezifische Analyse der verschiedenen Gesangsstile lassen auf Generationsunterschiede schließen. Die beliebtesten Gesänge der einzelnen Altersgruppen werden in Abbildung 21 dargestellt und können wie folgt zusammengefasst werden: Die jüngste Altersgruppe (10–13 Jahre) singt am liebsten fremdsprachige Lieder mit. Die darauffolgenden Altersgruppen (Altersspanne zwischen 14 und 49 Jahren) präferieren das NGL zum Mitsingen. Ein ebenso homogenes Bild zeigt sich in der Altersspanne 50+, die durchwegs Choräle zum Mitsingen bevorzugen. Es sei an dieser Stelle erwähnt, dass die Präferenz eines Gesanges nicht bedeutet, dass andere abgelehnt werden. So favorisieren bspw. Menschen ab 50 Jahren zwar die Choräle, das NGL liegt jedoch nur mit marginal niedrigeren Prozentwerten darunter. Die Ergebnisse unserer Studie zeigen zudem, dass 85 % der Gottesdienstteilnehmer/innen gewillt sind, neue Lieder im Gottesdienst kennen zu lernen, was für eine offene Haltung der Befragten gegenüber unterschiedlichen Gottesdienstgesängen spricht.

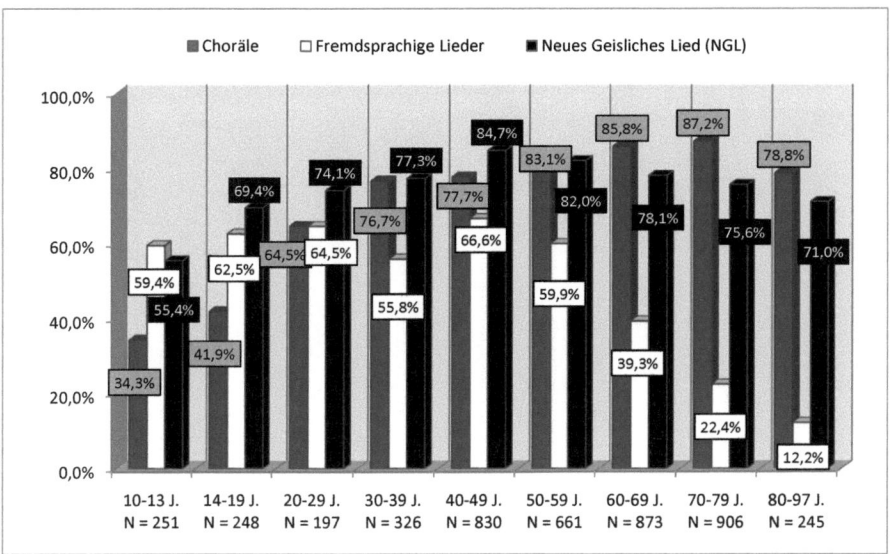

Abb. 21: Altersspezifische Darstellung der jeweils beliebtesten Gesänge (Mehrfachantworten möglich). Prozentwerte beziehen sich auf die Gesamtzahl der Befragten innerhalb der Altersgruppen. Eine Gesamtübersicht befindet sich in Anhang C.

Die Bewertung der fünf Dimensionen (»Text«, »Musik/Klang«, »die empfundenen Gefühle«, »Bekenntnis des Glaubens«, »Hoffnung und Zuversicht«) christlicher Lieder und Gottesdienstlieder liegen bei der Gesamtstichprobe im oberen Skalenbereich dicht beieinander. Die Abbildung 22 verdeutlicht, dass die Musik bzw. der Klang mit dem höchsten Durchschnittswert (M = 3,56) und der geringsten Standardabweichung (SD = 0,56) den wichtigsten Aspekt eines christlichen Liedes darstellt. An zweiter Stelle steht der Text eines christlichen Liedes, gefolgt von der Hoffnung und Zuversicht, den empfundenen Gefühlen und dem Bekenntnis des Glaubens.

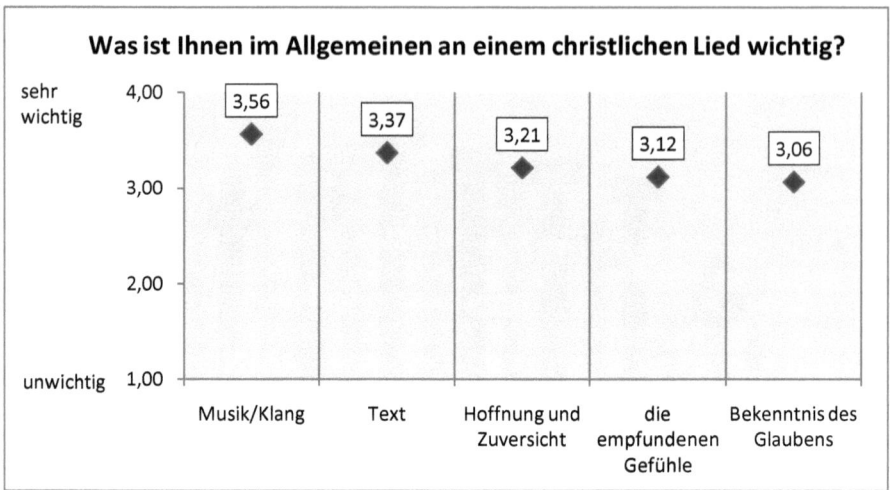

Abb. 22: Durchschnittswerte der verschiedenen Dimensionen eines christlichen Liedes.

Auch an dieser Stelle lohnt der Vergleich der Altersgruppen (siehe Abb. 23 und Abb. 24).

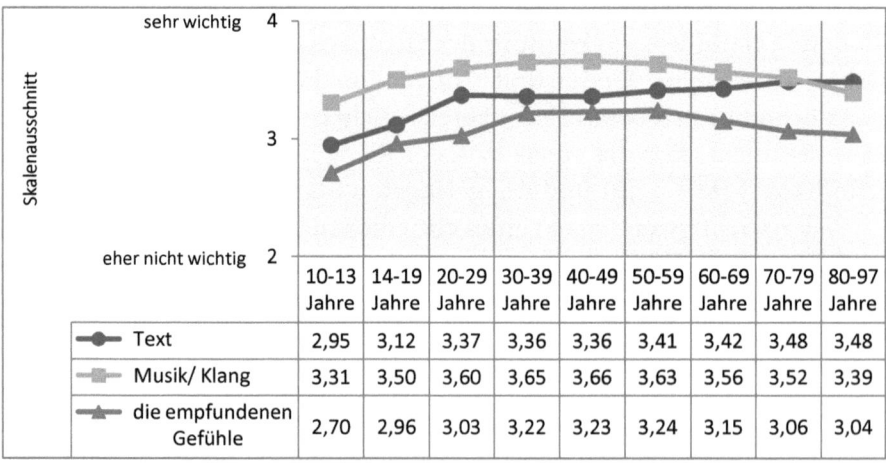

	10-13 Jahre	14-19 Jahre	20-29 Jahre	30-39 Jahre	40-49 Jahre	50-59 Jahre	60-69 Jahre	70-79 Jahre	80-97 Jahre
Text	2,95	3,12	3,37	3,36	3,36	3,41	3,42	3,48	3,48
Musik/ Klang	3,31	3,50	3,60	3,65	3,66	3,63	3,56	3,52	3,39
die empfundenen Gefühle	2,70	2,96	3,03	3,22	3,23	3,24	3,15	3,06	3,04

Abb. 23: Mittelwerte der verschiedenen Dimensionen eines christlichen Liedes nach Altersgruppen Teil 1 (Skalenausschnitt).

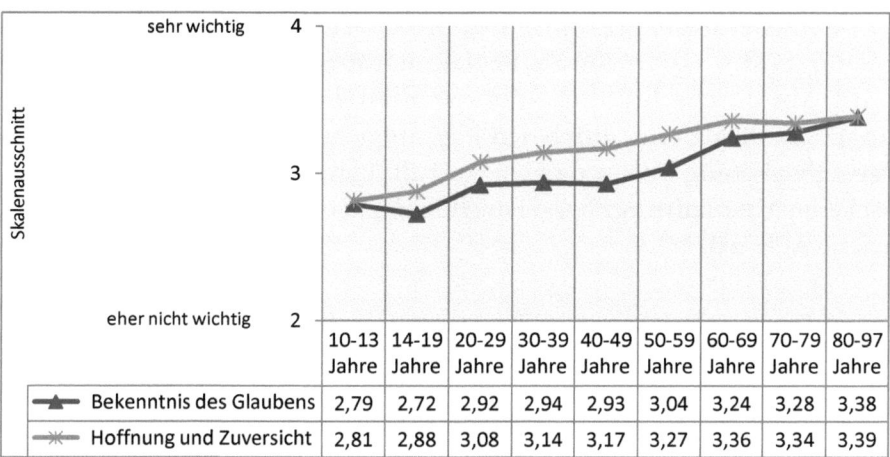

	10-13 Jahre	14-19 Jahre	20-29 Jahre	30-39 Jahre	40-49 Jahre	50-59 Jahre	60-69 Jahre	70-79 Jahre	80-97 Jahre
Bekenntnis des Glaubens	2,79	2,72	2,92	2,94	2,93	3,04	3,24	3,28	3,38
Hoffnung und Zuversicht	2,81	2,88	3,08	3,14	3,17	3,27	3,36	3,34	3,39

Abb. 24: Mittelwerte der verschiedenen Dimensionen eines christlichen Liedes nach Altersgruppen Teil 2 (Skalenausschnitt).

Die Unterschiede der einzelnen Dimensionen innerhalb der Altersgruppen lassen sich wie folgt zusammenfassen. Erstens, die Musik bzw. der Klang ist das Wichtigste an einem christlichen Lied für alle Altersgruppen, mit Ausnahme der Befragten zwischen 80 und 97 Jahren. Zweitens, der nahezu identische Verlauf der empfundenen Gefühle lässt vermuten, dass diese Dimension mit der Musik bzw. dem Klang verknüpft ist und somit die Musik primär für die Emotionen verantwortlich ist. Drittens, der »Text« gewinnt mit zunehmendem Alter an Bedeutung und ist für die 80- bis 97-Jährigen die wichtigste Komponente. Viertens, der Stellenwert der Dimensionen »Bekenntnis des Glaubens« und »Hoffnung und Zuversicht« steigt kontinuierlich an.

Wie eingangs erwähnt, sind es nicht nur ausschließlich die Art des Liedrepertoires oder die verschiedenen musikalischen Dimensionen eines christlichen Liedes bzw. Gottesdienstliedes, die Menschen zum Mitsingen bewegen. Vielmehr ist es auch die musikalische Rahmengestaltung, die mittlerweile von der klassischen Orgelbegleitung bis zur modernen Bandbegleitung reicht.

Gemessen an der gesamten Stichprobe ist es die traditionelle Orgelbegleitung (M = 3,47),[41] die als Begleitinstrument am meisten präferiert
wird. Mit durchschnittlich »gut« wurden die Klavierbegleitung (M =
3,15),[42] die Begleitung durch den Posaunenchor (M = 3,06)[43] und die Gitarrenbegleitung (M = 3,04)[44] eingestuft. Playback (M = 1,64)[45] dagegen
ist keine Alternative zur live-gespielten Begleitung des Gemeindegesangs
(siehe Abb. 25).

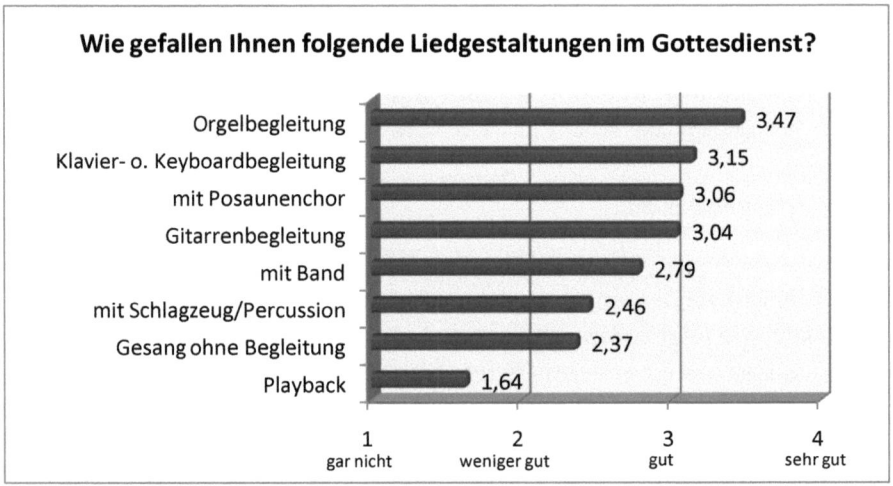

Abb. 25: Durchschnittliche Gefallensurteile hinsichtlich der Liedbegleitungen im Gottesdienst.

Klassifiziert man die Liedgestaltungen nach Altersgruppen (siehe Tab. 6),
zeigt sich, dass die Gitarrenbegleitung bzw. die Bandbegleitung von jüngeren Gottesdienstteilnehmern (10–30 Jahren) bevorzugt werden. Zudem
besteht die Vorliebe für den Posaunenchor ab einem Alter von 50+. Die
traditionelle Orgelbegleitung ist ab einem Alter von 30 Jahren das beliebteste Begleitinstrument.

41. (SD = 0,707).
42. (SD = 0,792).
43. (SD = 0,884).
44. (SD = 0,830).
45. (SD = 0,818).

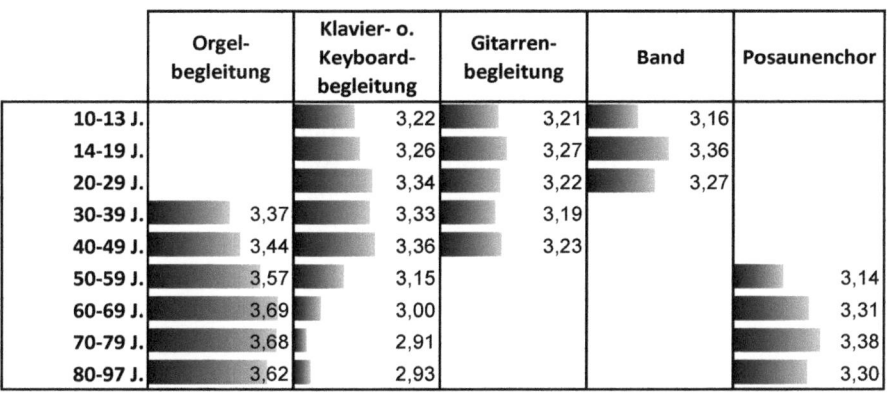

	Orgel-begleitung	Klavier- o. Keyboard-begleitung	Gitarren-begleitung	Band	Posaunenchor
10-13 J.		3,22	3,21	3,16	
14-19 J.		3,26	3,27	3,36	
20-29 J.		3,34	3,22	3,27	
30-39 J.	3,37	3,33	3,19		
40-49 J.	3,44	3,36	3,23		
50-59 J.	3,57	3,15			3,14
60-69 J.	3,69	3,00			3,31
70-79 J.	3,68	2,91			3,38
80-97 J.	3,62	2,93			3,30

Tab. 6: Durchschnittswerte der jeweils drei beliebtesten Liedbegleitungen innerhalb der Altersgruppen.

Diskussion

Die in der Weihnachtszeit 2008 befragten knapp 4.700 Gottesdienstbesucher/innen sind im Durchschnitt 53 Jahre alt und weisen ein überdurchschnittlich hohes Bildungsniveau auf.

Die weitaus meisten der befragten Gottesdienstteilnehmer/innen äußern recht positive Einstellungen zum Singen. Die meisten singen gern, 54 % der Gottesdienstteilnehmer/innen singen sogar sehr gerne und nur 9 % singen ungern. Für 86 % der Gottesdienstbesucher/innen ist Singen wichtig bzw. sehr wichtig. Der Gottesdienst ist die häufigste Gelegenheit zum Singen überhaupt. Insgesamt 89 % der Gesamtstichprobe gaben an, in der Kirche zu singen. Gut die Hälfte (56 %) der Gottesdienstbesucher/innen beurteilen ihre Singfähigkeit mit gut (43 %) bzw. sehr gut (14 %). Zudem gefällt 59 % der Gottesdienstbesucher/innen die eigene Stimme gut, weiteren 7 % sogar sehr gut.

Diese Angaben stehen in deutlichem Kontrast zur Klage über den schlechten Gemeindegesang. Zumindest dem Selbstbild der Gottesdienstbesucher/innen nach dürfte es um den Gemeindegesang gar nicht so schlecht bestellt sein. Dafür gibt es verschiedene Erklärungsmöglichkeiten. Möglicherweise haben die Befragten ein zu positives Selbstbild bezüglich ihrer Stimme, ihres Singens und ihrer gesanglichen Aktivitäten im Gottesdienst. Angesichts der Stichprobengröße ist es allerdings eher unwahrscheinlich, dass so viele Menschen ein zu positives Selbstbild hinsichtlich des Singens haben. Zu erwarten wäre eher das Gegenteil. Andererseits könnte es sein, dass vor allem diejenigen den Fragebogen beantwortet haben, die ein sehr positives sängerisches Selbstbild haben. Eine andere Erklärung könnte sein, dass die allgemeine und generalisierende Klage über den defizitären Gemeindegesang nicht zutreffend ist, zumindest für die in dieser Studie Befragten nicht. Vermutlich sind im Befragungszeitraum, der in die Vorweihnachts- und Weihnachtszeit fiel, gerade solche Gottesdienstteilnehmer/innen in der Kirche gewesen, die in der Weihnachtszeit gerne singen.

Insgesamt hat Musik eine hohe Bedeutung im alltäglichen Leben der Gottesdienstteilnehmer/innen. In der Gesamtstichprobe ist die Klassische Musik am beliebtesten. Es zeigen sich jedoch deutliche Generations- und Bildungseffekte innerhalb der allgemeinen Musikpräferenzen. Während jüngere Generationen (bis etwa 49 Jahren) eine eindeutige Vorliebe für Rock- und Popmusik und wenig Präferenz für Klassische Musik zeigen, verhält es sich bei den über 50-jährigen genau umgekehrt. Ältere, weniger gebildete Hörer/innen bevorzugen mehr als andere Volks- und Schlagermusik. Diese Befunde entsprechen dem allgemeinen Zusammenhangsmuster zwischen musikalischen Präferenzen, Alter und Bildung (siehe z. B. Gembris, 2005).

Wo wird am häufigsten gesungen? Die Tatsache, dass die Kirche die häufigste Gelegenheit zum Singen bietet, kann anhand der repräsentativen Chrismon-Umfrage (2007) bestätigt werden. In dieser liegt der Gottesdienst mit 34 % an dritter Stelle der häufigsten Singgelegenheiten, hinter dem Singen im Auto (43 %) und dem Singen mit Kindern (41 %). Bezogen auf die Ausgangsfrage könnte dieses bedeuten, dass der Gottesdienst für viele Kirchengänger einen positiven Rahmen darstellt, um (miteinander) zu singen. Eine weitere Überlegung aus religionspädagogischer Sicht wäre, ob nicht in der Vergangenheit der Stellenwert des Singens im Gottesdienst unterschätzt wurde und das Singen möglicherweise eine der Hauptmotivationen ist, einen Gottesdienst zu besuchen und eine essenzielle Bedeutung für das Glaubensbekenntnis hat.[46]

Was fördert oder hindert das (Mit-)Singen im Gottesdienst? Wenn ein Lied bekannt ist und gefällt, dann wirkt sich dies positiv auf das Mitsingen aus. Dieser Aspekt wurde in der empirischen Untersuchung zur Kirchenmusik (Kerner, 2007) gleichermaßen hervorgehoben:

---

46. Dank an Prof. Dr. Michael Meyer-Blanck für Kommentare und Anregungen.

»*Ganz deutlich wird allerdings, dass es die vertrauten Lieder und Gesänge sind, die die Kirchengänger im Regelgottesdienst schätzen, ja dass insbesondere in Festgottesdiensten sogar ganz traditionelle Lieder und Gesänge erwartet werden.*« (18).

Es sei an dieser Stelle nochmals darauf hingewiesen, dass die Befragung während der Adventszeit durchgeführt wurde und es daher es sehr wahrscheinlich ist, dass bekannte, traditionelle Lieder gesungen wurden, die einem Großteil der Gemeinde vertraut sind, was sich wiederum positiv auf deren Singbeteiligung auswirkt bzw. ausgewirkt hat. Außerdem fördert eine positive Stimmung das (Mit)Singen.

Hinderlich dagegen ist die Situation, wenn nur wenige mitsingen. Zudem hängt das Mitsingen im Gottesdienst vom allgemeinen Verhältnis zur Stimme und zum Singen ab: Ob jemand allgemein gern singt, von der selbst eingeschätzten Fähigkeit, Lieder zu singen, vom Gefallen der eigenen Stimme und ob Singen persönlich wichtig ist. Der gefundene (schwache) Zusammenhang »je älter, desto häufiger wird im Gottesdienst mitgesungen« kann mehrere Gründe haben: Zum einen ist das Singen für ältere Generationen selbstverständlicher, zum anderen könnten auch Lerneffekte eine Rolle spielen.

Welche Gesänge werden gern mitgesungen? Auf die Gesamtstichprobe bezogen sind es der Choral und das Neue Geistliche Lied (NGL), die von jeweils 77 % der Befragten gern mitgesungen werden. Liturgische Gesänge werden als einzige Gesänge häufiger von männlichen Teilnehmern gern mitgesungen. Deutliche Generationsunterschiede zeigen sich in der Beliebtheit der Gesänge. Fremdsprachige Lieder werden von der jüngsten Altersgruppe (10–13 Jahre) bevorzugt. Die darauffolgenden Altersgruppen (Altersspanne 14–49 Jahre) präferieren das NGL. Gottesdienstteilnehmer/innen ab 50 Jahren favorisieren Choräle zum Mitsingen.

Bezüglich der Generationsunterschiede würden sich die Gesangspräferenzen über die Jahrzehnte dahin gehend verändern, dass beliebte Gesänge der jüngeren Generationen, wie hier bspw. das fremdsprachige Lied, an Bedeutung gewinnen und andererseits die traditionellen Gesänge wie Choräle an Bedeutung verlieren. Eine Hypothese wäre, dass durch die Berücksichtigung der Gesangspräferenzen der jüngeren Gemeindemitglieder (z. B. fremdsprachige Lieder) die Häufigkeit des Mitsingens erhöht. Ob dieses Konsequenzen in der Singbeteiligung der älteren Generationen nach sich ziehen würde, lässt sich nicht vorhersagen. Zudem bieten die Präferenzen von christlichen Liedern bzw. Gottesdienstliedern

wichtige Hinweise in Hinblick auf Ausbildungsinhalte von Kirchenmusikern.

Neben den Lieder- und Gesangspräferenzen ist bei 85 % der Befragten
die Motivation bzw. Bereitschaft, neue Lieder zu lernen, vorhanden. Jedoch
ist dabei zu überlegen, in welchem Rahmen dieses stattfinden kann oder
soll. Kerner (2007) äußert sich kritisch bei dem naheliegenden Gedanken,
neue christliche Lieder während des Gottesdienstes zu erlernen und
schreibt, dass: »*Kirchgänger nicht in den Regelgottesdienst gehen, um dort
etwas einzuüben. Der Gottesdienst ist für sie nicht der Ort für pädagogische
Maßnahmen.*« *(22)*.

Wenn der Gottesdienst nicht der passende Ort ist, welche Alternative
bleibt, um in einem angemessenen Rahmen neues Liedgut zu erlernen?

Wie gefallen welche Liedbegleitungen im Gottesdienst? Bezogen auf
die Gesamtstichprobe ist die traditionelle Orgelbegleitung das beliebteste
Begleitinstrument. Playback ist für die Befragten keine Alternative zur
live-gespielten Begleitung wie bspw. Posaunenchor, Gitarrenbegleitung
oder auch Schlagzeug/Percussion. Generationseffekte sind auch hier
deutlich zu finden. So bevorzugen 10- bis 30-Jährige Liedbegleitung mit
Klavier, Gitarre oder Band. Ab dem Alter von 30 Jahren ist die Orgelbegleitung durchweg das beliebteste Begleitinstrument, wobei der Posaunenchor ab dem Alter von 50 Jahren zudem an Bedeutung gewinnt. Individuelle Angaben der Befragten liefern Hinweise, dass die musikalische
Qualität der Liedbegleitung für das Gelingen des Gemeindegesangs bei-
trägt.

Eine weiterführende Frage wäre, welchen Einfluss die Liedbegleitung
auf den Eindruck eines defizitären Gottesdienstgesanges hat. Die Aussage
Kerners »*Wenn die Orgel den Gemeindegesang begleitet, so wird eine Unterstützung des Gesangs und keine hohe Kunst erwarte*« (10), sollte angesichts
unserer Ergebnisse umformuliert werden: »Die hohe Kunst der Orgelbegleitung liegt darin, Singbedürfnisse der Gemeinde wahrzunehmen, und
zu versuchen, diesen in der Gestaltung der Liedbegleitung gerecht zu
werden«. Dabei steht außer Frage, ob die Orgelbegleitung das Begleitinstrument der Wahl ist oder nicht. Vielmehr zeigen die Ergebnisse, welche
wichtige Bedeutung dem Kirchenmusiker/der Kirchenmusikerin zukommt und somit auch der Ausbildung zu diesem Beruf.

Bei der Interpretation der Ergebnisse müssen folgende Limitationen
der Studie berücksichtigt werden: Zum einen ist diese Studie möglicherweise nicht repräsentativ für alle Gottesdienstteilnehmer/innen, da bspw.

nicht alle Bundesländer und Regionen gleichermaßen vertreten sind. Zudem sind die Ergebnisse aufgrund des vorweihnachtlichen Erhebungszeitraumes möglicherweise nicht repräsentativ für das gesamte Kirchenjahr. Außerdem könnte es sein, dass vor allem besonders motivierte Gottesdienstteilnehmer/innen geantwortet haben.

Dennoch lassen sich unseres Erachtens folgende Schlussfolgerungen ziehen:

– Die Motivation, im Gottesdienst zu singen, sowie die Selbstwahrnehmung des Singens in der Gemeinde sind deutlich besser als vermutet. Die Klage über schlechten Gemeindegesang müsste zumindest partiell korrigiert bzw. daraufhin spezifiziert werden, wann und wo unter welchen Bedingungen der Gemeindegesang gut oder schlecht ist. Dies müsste dann differenzierter untersucht werden, um herauszufinden, welche spezifischen und situativen Faktoren eine Rolle spielen.

– Die Kirche bzw. der Gottesdienst ist mit Abstand die häufigste und damit vielleicht auch wichtigste Gelegenheit zum Singen. Das verleiht dem Singen in der Kirche (neben der religiösen Bedeutung) eine besondere allgemeine musikkulturelle und individuelle Bedeutung.

– Es gibt deutliche Generationsunterschiede sowohl in der Beliebtheit des Liedrepertoires als auch in den musikalischen Präferenzen. Es zeigt sich, dass nur ein kleiner Teil der unter 50-Jährigen einen Bezug zur klassischen (Kirchen-)Musik hat.

– Um die jüngeren Generationen zum (Mit-) Singen zu motivieren, müssen deren Präferenzen (z. B. Pop- und Rockmusik) mehr berücksichtigt werden.

– Eine allgemeine Verbesserung des Verhältnisses zum Singen, zur eigenen Stimme, zum stimmlichen Selbstkonzept bei denjenigen, die in diesen Bereichen Defizite empfinden, würde dem Singen im Gottesdienst förderlich sein.

– Insbesondere in Hinblick auf die jüngeren Generationen und deren musikalische Sozialisation/Präferenzen sollte die Ausbildung von Kirchenmusikern vielseitig sein und ein breites Spektrum an Musikstilen umfassen. Dazu gehört auf jeden Fall die Pop- und Rockmusik ebenso wie die traditionelle Kirchenmusik.

– Die Pluralität musikalischer Stile sollte auch ein wesentliches Element der Gottesdienstgestaltung sein. Wenn Musik und Singen den Gottesdienstteilnehmer/innen, wie diese Studie zeigt, wichtig ist und die Musik ebenso wichtig oder wichtiger ist als der Text, dann sollte die musikalische Gestaltung des Gottesdienstes die musikalische Lebenswelt möglichst aller Gottesdienstteilnehmer/innen berücksichtigen. Dies wird aufgrund des demografischen bzw. generationellen Wandels in den kommenden Jahren und Jahrzehnten zunehmend wichtig werden: Die nachrückenden Generationen sind vor allem mit Rock- und Popmusik sozialisiert worden und haben immer weniger Bezug zu einer Kirchenmusik, die vor allem durch die Tradition der Klassischen Musik geprägt ist. Das bedeutet einerseits, dass popmusikalische Musikformen im Gemeindegesang stärker berücksichtigt werden müssen, andererseits bedürfen die traditionellen Formen des Kirchengesangs bzw. der Kirchenmusik zunehmend der Vermittlung.

– Eine wichtige Aufgabe und Herausforderung der kirchenmusikalischen Ausbildung besteht darin, eine musikalische Vielseitigkeit zu vermitteln, die es erlaubt, sowohl jüngere, popmusikalische Formen des Gemeindegesangs als auch traditionelle Formen der Kirchenmusik (Choräle, Kirchenlieder) anzuleiten und musikalisch adäquat zu begleiten. Es werden in Zukunft auch in wachsendem Maße Kompetenzen in der Vermittlung von Musik benötigt, um die Tradition der an der Klassischen Musik orientierten Kirchenmusik zu erhalten.

– Da auch im Gottesdienst emotionale und soziale Wirkungen von Musik und des Singens eine wichtige Rolle spielen, ist Musik ein wichtiger Faktor für das emotionale Erleben im Gottesdienst. Deswegen kann sie einerseits die emotionale Attraktivität des Gottesdienstes sowohl steigern als auch mindern.

Für zukünftige Forschungen wären Replikationsstudien interessant, um zu überprüfen, ob die gewonnenen Ergebnisse repräsentativ für die Gottesdienstteilnehmer/innen in der Bundesrepublik insgesamt und für das gesamte Kirchenjahr sind. Interessant wäre ein Vergleich mit katholischen Gottesdienstteilnehmer/innen. So ließe sich z. B. herausfinden, inwieweit es spezifisch protestantische bzw. katholische Einstellungen und Verhaltensweisen zum Singen im Gottesdienst gibt.

Literatur

Ahrens, Petra-Angela (2009): BeGeisterung durch Gospelsingen. Erste Bundesweite Befragung von Gospelchören. Sozialwissenschaftliches Institut der EKD.

Autor nicht bekannt (1819): Andeutung zur Verbesserung der Musik beym evangelischen Gottesdienste. In: Allgemeine Musikalische Zeitung, H. 31, 517–523.

Autorengruppe Bildungsberichterstattung (Hg.) (2008): Bildung in Deutschland 2008. Bundesministerium für Bildung und Forschung. Online verfügbar unter http://www.bildungsbericht.de/daten2008/bb_2008.pdf, zuletzt geprüft am 09.10.2010.

Bortz, Jürgen; Döring, Nicola (2006): Forschungsmethoden und Evaluation für Human- und Sozialwissenschaftler. Heidelberg.

chrismon.de. Das evangelische Online-Magazin: Immer ein Lied auf den Lippen – wo wir gerne singen. Pressemitteilung vom Juni 2007. Online verfügbar unter http://www.chrismon.de/Immer_ein_Lied_auf_den_Lippen.php, zuletzt geprüft am 09.10.2010.

Gembris, Heiner (2005): Musikalische Präferenzen. In: Oerter, Rolf (Hg.): Spezielle Musikpsychologie. Göttingen, S. 279–342.

Hagl, Stefan (2007): Schnelleinstieg Statistik. München.

Kerner, Hanns (2007): Die Kirchenmusik. Wahrnehmungen aus zwei neuen empirischen Untersuchungen unter evangelisch Getauften in Bayern. In: Perspektive Gottesdienst.

la Motte-Haber, Helga de; Barthelmes, Barbara (1995): Musik und Religion. Laaber.

Miller, Mandi M.; Strongman, Kenneth T. (2002): The emotional effect of music on religious experience: A study of the pentecostal-charismatic style of music and worship. In: Psychology of Music, Jg. 30, H. 1, 8–27.

Statistisches Bundesamt (2009): Bevölkerung Deutschlands bis 2060. 12. Koordinierte Bevölkerungsvorausberechnung, 16.

Die Studie »Singen im Gottesdienst« aus praktisch-theologischer Sicht

Michael Meyer-Blanck

Bei empirischen Studien ist es bekanntlich so, dass ungefähr das herauskommt, was man auch schon vorher gewusst hat. Das ist bei dieser Studie nicht der Fall – und das ist gut so. Das Singen im Gottesdienst ist offensichtlich viel besser als sein gemeinprotestantischer schlechter Ruf. Aber in der Regel kommt uns Evangelischen eben der Klagepsalm besser von den Lippen als das heitere Liedchen, zu dem wir – jedenfalls nach den Ergebnissen der Studie – allen Grund hätten. »Kulturverfall, nun springe – ich steh' hier und singe in gar sich'rer Ruh« – dieses Motto hätte ebenso viel Berechtigung wie die konventionalisierten Abbruch-Szenarios. Die Kirche ist ein, wenn nicht sogar der wichtigste Hort des Singens – immerhin gibt es an jedem Sonntag mindestens 1 Million evangelische Kirchgänger (doppelt so viel wie in der 1. und der 2. Liga zusammen – und das ohne freie Spieltage).[1]

Der Initiative des Paderborner Forschungsprojektes ist darum vonseiten der Liturgischen Konferenz zunächst ausdrücklich zu danken. Evangelisch sein heißt gern und gut und viel zu singen. Gut, dass wir das wissen und entsprechende Konsequenzen aus den Ergebnissen ziehen können. Ich möchte dazu im Folgenden einige allgemeine und historische Bemerkungen zum Singen aus praktisch-theologischer Sicht voranstellen, bevor ich die Studie im Einzelnen auswerte und einige Gedanken zu künftig wichtigen Aufgaben anschließe.

1. Vgl. Meyer-Blanck, Michael: Der Sonntagsgottesdienst. Elemente einer praktisch-theologischen Theorie des »Normalfalles«, in: Normalfall Sonntagsgottesdienst? Gottesdienst und Sonntagskultur im Umbruch, hg. von Kristian Fechtner und Lutz Friedrichs, Stuttgart 2008, 72–81.

1. Anmerkungen zum gottesdienstlichen Singen aus praktisch-theologischer Sicht

Zunächst einmal ist festzustellen, dass es sich beim gottesdienstlichen Singen nicht um irgendeine praktisch-theologische Frage handelt, sondern um das Zentrum evangelischer Praxis. In einigen Städten wurde die Reformation im 16. Jahrhundert bekanntlich damit durchgesetzt, dass die Gemeinde einfach den reformatorischen Choral weitersang – gegen die mittelalterliche Messliturgie. Der evangelische Kirchengesang war damit nicht nur eine ästhetische, sondern auch eine politische Praxis. Und in weniger dramatischen Zeiten wie jetzt ist festzustellen: Es handelt sich beim gottesdienstlichen Singen nicht um den Rahmen oder die Illustration der Verkündigung. Der Gemeindegesang ist vielmehr selbst Verkündigung. Der Gesang ist die Kirchenmusik der Gemeinde.

Versteht man den Gottesdienst insgesamt als Mitteilung und Darstellung des Evangeliums in ritueller und künstlerischer Form – so meine eigene Definition[2] – dann ist der Gesang ein entscheidender Bestandteil. Beim Singen ereignet sich in einzigartiger Weise das, was Schleiermacher die »lebendige Circulation« glaubender Erfahrung nennt.[3] Nirgendwo sonst wie beim Singen ist so gut erfahrbar, dass der Gottesdienst nicht vom Pfarrer gehalten, sondern von der Gemeinde gefeiert wird. Doch die liturgische Rolle, die Luther[4] der Gemeinde mit dem deutschen Choral zugetraut und zugemutet hat, bedeutet zugleich: Ein wenig überzeugender Gesang führt auch zu einem schlechten Gottesdienst – genauso wie eine schlechte Predigt. Oder auch: Schlechter Gesang ist eine schlechte Predigt, weil er die Zirkulation glaubender Erfahrung behindert (wenn nicht verhindert). Es gibt viele gute Möglichkeiten, schlecht zu predigen und schlecht zu musizieren, und gerade der allsonntägliche Kirchgänger, auf den wir noch kommen, weiß davon ein Liedlein zu singen.

---

2. Vgl. zuletzt Meyer-Blanck, Michael: Die Dramaturgie von Wort und Sakrament. Homiletisch-liturgische Grenzgänge im ökumenischen Horizont, in: Pastoraltheologie 96 (2007), 160–171 sowie ders.: Zur Diskussion um liturgische Qualitätskriterien, in: Jahrbuch für Liturgie und Hymnologie 48 (2009), 62–74.

3. Schleiermacher, Friedrich D. E.: Die praktische Theologie nach den Grundsätzen der evangelischen Kirche im Zusammenhange dargestellt, hg. von Jacob Frerichs, Berlin/New York 1983 [Reprint von 11850], 49f., 65; vgl. dazu ausführlich Meyer-Blanck, Michael: Liturgie und Liturgik. Der evangelische Gottesdienst aus Quellentexten erklärt, Göttingen ²2009, 189–208.

4. Block, Johannes: Verstehen durch Musik: Das gesungene Wort in der Theologie. Ein hermeneutischer Beitrag zur Hymnologie am Beispiel Martin Luthers, Tübingen 2002.

Besonders kompliziert wird die Sache zudem dadurch, dass auch eine zu gute Musik das liturgische Miteinander stören kann. Das ist dann der Fall, wenn aus dem Gottesdienst ein Konzert wird. Auch dafür gibt es Wurzeln in der Gottesdienstgeschichte – man muss nur an die überlangen Gottesdienste zur Bachzeit denken, in denen die Predigt, überlange Gebete und die großartige Kirchenmusik die Gemeinde immer mehr passiv werden ließen und zu einem individuellen »2. Programm« privater Andacht neben dem Gottesdienstgeschehen führten.[5]

Und selbst die Bachschen Kantaten enthalten schon die Möglichkeit zu einem liturgischen Missverständnis: Aus dem Gesang der Gemeinde kann das Konzert werden, und die Kunst kann die Gemeinde in die Rolle des Publikums drängen.[6] Der Choral in der Kantate steht zwar für die Gemeinde, wird aber nicht mehr von ihr selbst gesungen. Auch über den schlechten Gemeindegesang wird schon im 17. Jahrhundert geklagt. In diesen Zusammenhang gehört auch der »Orgelchoral«, die selbstständige Ausführung von Choralstrophen durch den Organisten, die mit dem Ausdruck »Choralvorspiel« nur unzureichend beschrieben ist. Auch die großartigen Choralkompositionen Buxtehudes und Bachs verstärkten den Charakter des Gottesdienstes als Konzert. Erst recht dann das 19. Jahrhundert mit seinem Verständnis der »Kunstreligion« bereitete einem solchen Verständnis den Weg: An die Stelle des Gottesdienstbesuches trat für viele der Besuch des »Kirchenkonzertes« – oder bei den gebildeten Verächtern der kirchlichen Form der Religion – dann auch der Besuch des »Parsifal« als »Karfreitagsereignis«.[7]

Nun ist die Gefahr der guten Musik gewiss um einiges geringer als die Gefahr der schlechten Musik, aber auch jene will bedacht sein. Relativierend hinzuzufügen ist, dass selbstverständlich auch das Hören im Konzert eine Form der »Zirkulation« religiöser Erfahrung sein kann. Aber die Intensität des Mitmachens beim Mitsingen hat eben doch eine besondere Qualität. Das zeigt gerade die heute bedachte Studie nur zu genau. Vielleicht sollte die Kirche für nichts so viel Geld ausgeben wie für den Chor-

---

5. Vgl. Herbst, Wolfgang: Evangelischer Gottesdienst. Quellen zu seiner Geschichte, Göttingen ²1992, 145.
6. Vgl. Krummacher, Christoph: Musik als praxis pietatis. Zum Selbstverständnis evangelischer Kirchenmusik, Göttingen 1994, 147f.
7. Nipperdey, Thomas: Religion im Umbruch, Deutschland 1870–1918, München 1988, 141. Der Besuch des Parsifal löste dabei am Ende des 19. Jahrhunderts mehrfach denjenigen der Matthäuspassion (»für die altmodischen Kunstreligiösen«) ab (ebd.).

gesang! Aber mit dieser Bemerkung habe ich an diesem Punkt schon zu weit vorgegriffen. Gehen wir langsam und der Reihe nach vor.

Bei Überlegungen »aus praktisch-theologischer Sicht« kann es sich – trotz der Anlage und der Ergebnisse der Studie – nicht nur um das gottesdienstliche Singen handeln. Dieses ist ja keinesfalls die einzige kirchliche Praxis mit Lied und Gesang. Haus und Familie sind ein wichtiger Ort des Singens und darüber hinaus ein Ort des bloßen Lesens im Gesangbuch. Das war der richtige Gedanke, als man das »Ev. Kirchengesangbuch« 1993 in »Ev. Gesangbuch« umbenannte. Das evangelische Gesangbuch hat seinen Ort über den Gottesdienst hinaus. Aus meiner Pfarrerzeit weiß ich, dass das Gesangbuch gerade auch für die individuelle Frömmigkeit oft eine viel größere Rolle spielt als die Bibel. Das ist auch nicht schwer zu verstehen. Gebete und Choräle sind gelebte Religion,[8] während die Bibel sehr viel Theologie enthält. Choräle sind Gebete, die verständlich sind und die dem Einzelnen darum bei aller kulturellen und sprachlichen Abständigkeit »aus dem Herzen sprechen« können. Und insofern ist das gottesdienstliche Singen auch so etwas wie Seelsorge im Voraus. Lieder geben der oftmals diffusen Empfindung Ausdruck und machen überhaupt erst aus dem bedrängenden Gefühl die uns zugängliche Erfahrung; denn Erfahrung ist bekanntlich immer als sprachlich gedeutetes, ausgedrücktes und erst auf diesem Wege verstandenes und angeeignetes Erleben zu bezeichnen.

Einen vergleichbaren Stellenwert wird man dem Singen im Hinblick auf die Bildungsarbeit in Gemeinde und Schule sowie für die Kultur beimessen. Die Choräle sind nicht nur individueller Ausdruck des Glaubens; sie sind darüber hinaus auch das religiöse Gedächtnis einer Sprachgemeinschaft. Choräle haben eine Bedeutung weit über die liturgische, seelsorgerliche und unterrichtliche Funktion hinaus. Sie gehören auch zum Kanon der Literatur, der Volksliteratur, wie die Märchen und wie die Lyrik. Nur anders als bei der Literatur ist die Sprachpraxis des Chorals nicht auf wenige Gebildete beschränkt (wie bei der Lyrik); und es musste auch keine intentionale Kanonisierung erfolgen wie bei der künstlich konstruierten Kanonbildung der Grimmschen und anderer Märchensammlungen des 19. Jahrhunderts.[9]

---

8. Wenn man in der Praktischen Theologie der letzten Zeit vielfach auf diese Kategorie zurückgegriffen hat (vgl. u.a. Grözinger, Albrecht/Pfleiderer, Georg (Hg.): »Gelebte Religion« als Programmbegriff Systematischer und Praktischer Theologie, Zürich 2002), dann ist das meines Wissens bisher so gut wie nie vom Gesangbuch her geschehen.

9. Vgl.: Kirchenlied und Gesangbuch. Quellen zu ihrer Geschichte, hg. von Christian Möller, Tübingen 2000.

Die Choräle wurden und werden automatisch gesungen und gesammelt –
und bisweilen gelingt es sogar kirchlichen und expertokratischen Bemühungen nicht, die Empfindungen des Volkes zu kanalisieren. Das Liedgut
des 19. Jahrhunderts mit dem bekanntesten Beispiel »Stille Nacht, heilige
Nacht«, darüber hinaus auch die Entwicklung vom »EKG« aus dem Jahre
1950 zum »EG« aus dem Jahre 1993 machen diesen Zusammenhang in
eindrücklicher Weise deutlich. Es gibt Lieder, die sich durchsetzen und
solche, die nicht mehr gesungen werden. Gerade über den Stand der evangelischen »Wochenlieder«[10] muss darum in der Gegenwart neu nachgedacht
werden. Einige der Wochenlieder haben sich im Traditionsprozess seit 1950
einfach nicht durchsetzen können (wie etwa Luthers »Es wolle Gott uns
gnädig sein«, EG 280 zu Sexagesimae). Wie dem aber auch immer sei: Das
Gesangbuch ist nicht nur ein Druckerzeugnis, sondern es markiert den
jeweiligen Stand des Traditionsprozesses eines wichtigen Teiles volkstüm-
licher Literatur.

Das alles ist im Hintergrund zu bedenken, wenn wir uns jetzt auf das
gottesdienstliche Singen konzentrieren. Nach den vorangegangenen Beiträgen muss ich nicht mehr auf die Ergebnisse der Studie selbst zu sprechen kommen, sondern kann einige Konsequenzen zur Diskussion stellen.

2. Konsequenzen aus der Studie »Singen im Gottesdienst«

2.1 Rehabilitierung des Sonntagskirchgängers

In der gegenwärtigen Praktischen Theologie hat sich die Aufmerksamkeit
vom Sonntagsgottesdienst auf die Kasualgottesdienste und auf die besonderen Gottesdienste im »2. Programm« verlagert.[11] Der »Normalfall Sonntagsgottesdienst« gilt sogar vielfach als milieuverengt und wenig missio-
narisch, während er in der Zeit der »Agende I« als der »Hauptgottesdienst«
die unangefochtene Norm dargestellt hatte. Die Paderborner Studie mar-

10. Maßgeblich für die im Zusammenhang der Entstehung des EKG von 1950 konzipierten »Wo-
    chenlieder« oder »Hauptlieder« waren die erstmals von Konrad Ameln (1899–1994), dem
    führenden wissenschaftlichen Hymnologen im deutschen Sprachraum, herausgegebenen »Lie-
    der für das Jahr der Kirche« (Kassel 1936).
11. Vgl. dazu als knappen und sehr informativen Überblick: Friedrichs, Lutz (Hg.): Alternative
    Gottesdienste, Hannover 2007 (= gemeinsam gottesdienst gestalten, Bd. 7).

kiert innerhalb dieser Tendenz einen gewissen Richtungswechsel, eine Verlagerung der Aufmerksamkeit.

Wir sehen durch die heute der Öffentlichkeit vorgestellte Paderborner Studie zum Singen im Gottesdienst, was wir an den regelmäßigen Kirchgängern und an den Chören, die ja in besonderer Weise für die »Kerngemeinde« stehen, haben. Mehr als vier von fünf Befragten der Studie kommen einmal, zweimal oder noch öfter monatlich zur Kirche (Tab. 4, S. 28). Das ist umso bemerkenswerter, da die Adventszeit eine klassische Zeit des Gelegenheitskirchganges ist. Diejenigen, die hier kamen und den Bogen ausfüllten, waren zum Singen motiviert und des Singens kundig. Insgesamt 92 % der Befragten singen nach eigener Angabe »immer« (68 %) bzw. »meistens« (24 %) mit. Die Klage über den schlechten Gemeindegesang scheint also entweder von besonderen künstlerischen Ansprüchen herzurühren oder auch aus der Tatsache, dass die meisten zu leitenden Gottesdienste für die sich negativ äußernden Amtsträger Kasualien sind, bei denen offensichtlich weniger und damit auch schlechter gesungen wird. Wie ist es anders zu erklären, dass die Gottesdienstbesucher immer und gut zu singen meinen und die hauptamtlichen kirchlichen Mitarbeiter über schlechten Gesang klagen?

Besonders hoch ist das sängerische Selbstbewusstsein bei den Chorsängern – die Differenz von 0,74 bei der Selbsteinschätzung (3,17 zu 2,43 bei den Nicht-Chorsängern ist bei den theoretisch möglichen Extremwerten zwischen 1,0 und 4,0 schon enorm (Abb. 12, S. 36).

2.2 Gewohnheitskirchgänger als Qualitätsgaranten

Im Zusammenhang der gegenwärtigen liturgischen Qualitätsdebatte in der EKD ist festzustellen, dass die Befragten der Studie ein hohes Qualitätsempfinden haben. Das sieht man etwa an den Aussagen zur Liedbegleitung im Gottesdienst. Die Playback-Begleitung erfreut sich der geringsten Zustimmung, weit abgeschlagen mit einem Wert von 1,64 an Zustimmung (Abb. 25, S. 50; dieser Wert entspricht etwa der Vorliebe von 30-Jährigen für Volksmusik und der 70-Jährigen für Rock- und Popmusik: Abb. 8, S. 31). Die Gitarre als gewünschtes Begleitinstrument findet auch bei den Jüngeren weniger Zustimmung als ich das erwartet hatte (oberste Priorität nur bei den 20- bis 13-Jährigen und bei den 20- bis 29-Jährigen). Ab dem Alter von 30 Jahren dominiert klar der Wunsch nach der Orgel als Begleitinstrument (Abb. 25, S. 50).

Es scheint sich kaum um einen Generationeneffekt zu handeln, weil ja schon die 50- bis 60-Jährigen (meine Generation) mit der Gitarre als Begleitinstrument (etwa im kirchlichen Unterricht) aufgewachsen sind. Eher scheint es mir so zu sein, dass man sich an die Orgel als typisches Kircheninstrument gewöhnt hat. Die Orgel steht wohl für die spezifisch religiöse Musik und die Präferenz für sie nimmt zu mit der Einsicht in den Sinn funktionaler Differenzierung. Selbst wenn man Rock- und Popmusik bevorzugt, wie das für einen großen Teil der 30- bis 49-Jährigen der Fall ist (so zu ersehen aus Abb. 8, S. 31), hält man offensichtlich für den Gottesdienst doch ab dem Alter von 30 die Orgel für das Richtige. Mit einem Vergleich: Auch wer im Dienst keine Krawatten liebt, legt diese bisweilen zu einem Besuch im vornehmen Restaurant an, und wer meistens Jeans trägt, kann zum Ball trotzdem das Abendkleid bevorzugen. Die Orgel ist das Kircheninstrument. Aber man benötigt offensichtlich drei Lebensjahrzehnte, um daran Gefallen zu finden.

2.3 Musikvorlieben und Musikwünsche im Gottesdienst

Ähnlich ist es offensichtlich mit dem Choral: Das Niveau an Beliebtheit ist mit 30 Jahren erreicht (der Wert 15,7 ist im Alter von 30 bis 60 Jahren in etwa konstant, erst dann steigt er noch einmal deutlich an); nur bei den 10- bis 19-Jährigen liegt er deutlich, bei den 20- bis 29-Jährigen etwas darunter. Auch an den Choral muss man sich offensichtlich drei Lebensjahrzehnte lang gewöhnen.

Die anderen Liedformen sind fast ebenso beliebt; der deutlichste Generationeneffekt findet sich bei den fremdsprachigen Liedern. Ihre Beliebtheit bricht erst bei den 60- bis 69-Jährigen ein. Die Geburtsjahrgänge ab 1950 dagegen waren es, die fast durchgängig mit Englisch als erster Fremdsprache und mit Beatles, Stones und »Top twenty« statt mit der deutschen Schlagerparade aufwuchsen. In 10 bis 20 Jahren dürften also die Beliebtheitswerte für die fremdsprachigen Lieder auch bei den Älteren auf demselben höheren Niveau bleiben.

Zurück aber noch einmal zum Musikgeschmack und zur gottesdienstlichen Musikpräferenz überhaupt. Ich denke, dass man hier an einer wichtigen Stelle unterscheiden muss, und dass die Frage in der Studie offen bleibt. Denn was einem selbst generell gefällt, muss man deswegen nicht zwangsläufig auch im Gottesdienst erwarten oder wünschen.

Insofern bin ich auch mit den Schlussfolgerungen der Autoren am Ende nicht ganz d'accord. Wenn es dort (S. 55) heißt, die Präferenzen der jüngeren Generation (Rock und Pop) müssten stärker berücksichtigt werden, um diese zum Mitsingen zu motivieren, dann handelt es sich um eine bloße Vermutung, dies könnte sich positiv auswirken. Denn die Frage 2 des Fragebogens hatte ja gelautet »Wie sehr mögen Sie die folgenden Musikrichtungen?« – und nicht: »Wie sehr mögen Sie die folgenden Musikrichtungen im Gottesdienst?« oder »An welche Musik sollte der Stil der gottesdienstlichen Musik vor allem angelehnt sein?«

Als eher unglücklich empfinde ich auch das Item »Bekenntnis des Glaubens« bei Frage 8 des Bogens. Das klingt im ästhetischen Zusammenhang, um den es sich ja bei dem Fragebogen zweifellos handelt, zu unpersönlich, zu kirchlich und zu kämpferisch; wenn man im Sinne Schleiermachers nach dem »Ausdruck« oder nach der »Empfindung« oder »Erfahrung« des eigenen (!) Glaubens durch Lieder gefragt hätte, wären die Zustimmungen wahrscheinlich deutlich anders ausgefallen; oder man hätte auch die kirchliche Formulierung (»Bekenntnis«) neben der individuellen abfragen können.

3. Anregungen für die Weiterarbeit

3.1 Ein Blick auf einzelne Lieder

Zunächst einmal wäre es ja auch sehr interessant gewesen, nach bestimmten Liedern zu fragen; besonders gerne gewusst hätte ich, ob die von der Badischen und Württembergischen Kirche entwickelte und von der Liturgischen Konferenz empfohlene »Kernliederliste« so angemessen ist, oder ob ganz andere oder mehr Lieder zum »Kanon« gehören. Auf jeden Fall bin ich davon überzeugt, dass wir so etwas wie einen musikpädagogischen und religionspädagogischen Liederkanon, offen nach Pflicht und Kür, brauchen können und dass nicht »Innovation« und »Kreativität« der einzige Maßstab sein dürfen. Das ist von der Studie eindrucksvoll bestätigt worden, denn das Nicht-Kennen eines Liedes ist das größte und damit entscheidende Sing-Hindernis (Abb. 19, S. 44). Die dabei zu Tage tretenden Ergebnisse sollte man dann noch im Hinblick auf verschiedene Kirchgangsgewohnheiten unterscheiden.

3.2 Vergleichsstudie

Das Ergebnis dieser Studie lässt eine Vergleichsstudie wünschen, in der Sonntagskirchgänger, Kasualkirchgänger und wirkliche Gelegenheitskirchgänger mit demselben oder mit einem möglichst vergleichbaren Instrumentarium befragt werden. Dann könnte sich herausstellen, ob die Selbsteinschätzung und die Fremdeinschätzung differieren oder ob der Qualitätsunterschied wirklich mit der Häufigkeit des Gottesdienstbesuchs zusammenhängt.

3.3 Singkultur

Kirche und Gottesdienst sind – neben dem rheinischen Karneval – der letzte milieu- und altersübergreifende Ort, an dem (über einige Wendungen und Einzeltöne hinaus wie im Fußballstadion) intentional und ansatzweise kontrolliert gesungen wird. In der Schule singen nur 45 % der 10- bis 19-Jährigen; aber 89 % aller Befragten singen im Gottesdienst (Abb. 11, S. 34). Die Kirche hat durch ihre Gesangskultur so etwas wie ein kulturelles Alleinstellungsmerkmal. Sie sollte demnach nicht nur um des Glaubens willen möglichst viel in diesen Bereich investieren: Phantasie in der Ausbildung, Konzentration auf Zeitübergreifendes und Kraft zur Entdeckung von Neuem, so dass der Traditionsprozess sowohl solide als auch lebendig bleibt.

Die Studie zeigt auch, was man schon vorher wusste, dass der Chorgesang den Gemeindegesang wesentlich fördert. Chöre erfüllen damit über den Gemeindegesang hinaus eine kulturpädagogische Funktion. Und auch die missionarische Funktion ist nicht zu vergessen; denn was gibt es Intensiveres, als sich mit Texten von Chorälen, Motetten und Kantaten probeweise in eine fromme Haltung hineinzuspielen, im Gestus des Probehandelns? Wer ein Gebet singt, muss nicht beten, sondern kann ästhetisch gebrochen »so tun als ob« und dabei die eigene Gebetshaltung unverbindlich anschauen. Darin liegt die große missionarische Kraft, wie sie der Predigt Jesu selbst entspricht: »Kommt und seht, kommt, singt und probiert!« (vgl. Joh 1,35).

Die Studie »Singen im Gottesdienst« aus kirchenmusikalischer Sicht

Gunter Kennel

Mit einiger Zeitverzögerung scheint nun das, was in der Praktischen Theologie schon seit mindestens vier Jahrzehnten eine Rolle spielt, nämlich die Hinwendung zur empirischen Sozialforschung, auch im Blick auf kirchenmusikalische Phänomene seine Anwendung zu finden. Endlich, möchte ich sagen, denn der Wunsch nach solchen empirischen Untersuchungen im Blick auf musikalische Vollzüge im kirchlichen Leben besteht bereits seit längerem. Ich vermute, dass diese Zeitverzögerung in der Anwendung empirischer Sozialforschung auf den Bereich der Musik in der Kirche damit zusammenhängen könnte, dass Musik als Medium religiöser Kommunikation erst allmählich ein stärkeres Interesse innerhalb der Praktischen Theologie fand, und das wohl so richtig erst, als überhaupt ästhetische Fragestellungen im weitesten Sinne Gegenstand praktisch-theologischer Reflexion wurden. Ein Katalysator könnte auch sein, dass in der kybernetischen Diskussion, die das Impulspapier »Kirche der Freiheit« der Evangelischen Kirche in Deutschland[1] ausgelöst hat, die musikalische Praxis der Kirche zunehmend als missionarische Chance begriffen wird, und dass – und damit streife ich zum ersten Mal den Gegenstand, der uns heute hier zusammenführt, direkt – auch in der Diskussion um die Qualität der Gottesdienste natürlich die musikalische Gestaltung und dabei insbesondere das Singen nicht unberücksichtigt bleiben darf. Das wiederum findet seine Entsprechung in der Entwicklung praktisch-theologischer Liturgik von einem Appendix der Homiletik hin zu einer umfassenden Disziplin, die sich beispielsweise mit theaterwissenschaftlichen, kommunikations- und ritualtheoretischen Ansätzen auseinandersetzt und nun ihrerseits die

---

1. Vgl. Kirche der Freiheit. Perspektiven für die Evangelische Kirche im 21. Jahrhundert. Ein Impulspapier des Rates der EKD, hg. vom Kirchenamt der EKD, Hannover 2006.

Homiletik in diesen so verstandenen erweiterten liturgischen Diskurs ein-
schließt. So sind wir nun am Ende der ersten Dekade des 21. Jahrhunderts
endlich an dem Punkt, an dem der Wunsch nach empirischer Erfassung
von kirchenmusikalischen Phänomenen zumindest zu einem Teil in Erfüllung zu gehen scheint und ich verbinde dies mit der Hoffnung, dass
diese Erfassung dann auch in einer praktisch-theologischen Diskussion
auf die Theoriebildung zum Gottesdienst und zum religiösen Leben in
unserer Gesellschaft überhaupt bezogen werden kann.

Wir sind deswegen an dem eben beschriebenen Punkt, weil es neben
der Studie, die wir heute in den Mittelpunkt stellen, soweit ich es überbli-
cke doch immerhin mindestens noch fünf weitere empirische Untersuchungen gibt, die auf die Frage nach der Bedeutung von Musik in kirchlichen Zusammenhängen in irgend einer Weise helfen, eine Antwort zu
geben. Drei dieser Untersuchungen haben wir heute bereits kennengelernt: Zum einen die Gospelchorstudie, vertreten durch ihre Autorin Petra-
Angela Ahrens.[2] Zweitens die Studie zur Kasualmusik, vorgestellt durch
ihren Autor Stephan Reinke[3] und drittens die noch nicht in endgültiger
Form vorliegende Studie von Jochen Kaiser. Noch vor diesen Studien
müsste aber meines Erachtens auch die vierte Mitgliedschaftsstudie der
EKD wenigstens kurz erwähnt werden.[4] Und zwar deswegen, weil darin
erstmals auch Musikvorlieben der Befragten erfasst wurden. Diese Erfassung diente in der Mitgliedschaftsuntersuchung zwar primär dazu, die
Beschreibung der Zugehörigkeit der Befragten zu Lebensstiltypen griffiger
zu machen und war noch nicht auf die Erschließung der Bedeutung der
Musik für das Glaubensleben und die Kirchenbindung, geschweige denn
auf eine irgendwie geartete kirchenmusikalische Operationalisierbarkeit
hin gerichtet. Aber immerhin, hier deutet es sich doch zum ersten Mal an,
dass auch die Musik in der evangelischen Kirchensoziologie und in der
praktisch-theologischen Theoriebildung eine größere Rolle spielen könnte.
Schließlich möchte ich noch verweisen auf die qualitative Erhebung zum
Gottesdienst auf der Basis von Befragungen evangelisch Getaufter in Bay-

---

2. Vgl. Ahrens, Petra-Angela: BeGeisterung durch Gospelsingen. Erste bundesweite Befragung von
   Gospelchören. Sozialwissenschaftliches Institut der Evangelischen Kirche in Deutschland, Hannover 2009.
3. Vgl. Reinke, Stephan A.: Musik im Kasualgottesdienst. Funktion und Bedeutung am Beispiel
   von Trauung und Bestattung, Göttingen 2010.
4. Vgl. Huber, Wolfgang/Friedrich, Johannes/Steinacker, Peter (Hg.): Kirche in der Vielfalt der
   Lebensbezüge. Die vierte EKD-Erhebung über Kirchenmitgliedschaft, Gütersloh 2006.

ern, zu denen vor kurzem Hanns Kerner eine erste Auswertung im Blick auf die Kirchenmusik vorgelegt hat,[5] auf die ich mich im Folgenden gelegentlich beziehen möchte, quasi als Referenzgröße für die heute zur Diskussion stehenden Paderborner Ergebnisse.

Meine Rolle hier und heute ist ja nun, aus kirchenmusikalischer Sicht etwas zu der Paderborner Studie zu sagen. Ich darf das freilich als ein Kirchenmusiker tun, dem auch die praktisch-theologische Diskussion nicht ganz fremd ist und der sich darum auch erlaubt, über das rein Fachlich-Kirchenmusikalische hinaus zu argumentieren, oder vorsichtiger: zu fragen. Denn ich möchte meinen Beitrag mehr als konstruktives Fragen verstanden wissen denn als These oder Antithese zu dem, was heute vorgestellt wurde. Ich will mich auch deswegen mehr auf das Fragen und dies manchmal auch im Konjunktiv beschränken, weil ich der Gefahr des sogenannten »naturalistischen Fehlschlusses« begegnen möchte, der so mancher Interpret von empirischen Erhebungen leicht erliegen kann. Dieser naturalistische Fehlschluss besteht darin, allzu schnell aus erhobenen Daten konkrete Handlungsweisungen abzuleiten etwa der Art, dass man aus bestimmten Musikpräferenzen schließt, dass zum Beispiel deren gottesdienstliche Berücksichtigung sogleich die Attraktivität der entsprechenden Gottesdienste für diejenigen erhöht, die diese Musikpräferenzen haben.

Meine Fragen wollen darüber hinaus auch einfach ein Weiterfragen ausdrücken, also auf das hin ausrichten, was für das Design nachfolgender Befragungen von Interesse sein könnte.

Bevor ich meine Fragen stelle, erlauben Sie mir aber bitte – nicht nur als kleines retardierendes Moment – kurz in die Rolle des kirchenmusikalischen Funktionsträgers, der ich ja auch bin, zu schlüpfen und den Verantwortlichen für die genannten Studien und heute ganz besonders Ihnen hier in Paderborn erst einmal meinen herzlichen Dank dafür aussprechen, dass Sie alle sich in so gründlicher Weise empirisch mit der Kirchenmusik beschäftigen. Ich kann dies nur als wertvollen Beitrag ansehen, der dem Protestantismus und nicht zuletzt uns Kirchenmusikerinnen und Kirchenmusikern[6] hilft, besser zu verstehen, was wir im Umgang mit Musik in der Kirche tun und welche Potenziale in solchem Tun liegen. Ich bin sicher,

---

5. Vgl. Kerner, Hanns: Die Kirchenmusik. Wahrnehmungen aus zwei neuen empirischen Untersuchungen unter evangelisch Getauften in Bayern, in: Perspektive Gottesdienst, hg. Vom Gottesdienstinstitut der Evang.-Luth. Kirche in Bayern, Nürnberg o. J.

6. Im mündlichen Vortrag wurde aus Gründen eines besseren Sprachduktus in der Regel entweder die weibliche oder die männliche Form der jeweiligen Bezeichnung weggelassen.

dass Kirchenmusikerinnen und Kirchenmusiker, ehren-, neben- und hauptamtlich tätige gleichermaßen, dieses in solchem Bemühen bekundete Interesse gerne auch als Ausdruck der Wertschätzung ihrer Arbeit dankbar annehmen.

Nun aber wieder zurück zum inhaltlichen Diskurs und zu meinen Fragen. Ich will diese Fragen in zwei Abteilungen gliedern, deren erste mehr grundsätzlicher Natur ist. Dem steht eine zweite Abteilung gegenüber, die sich konkreten Einzelfragen aus kirchenmusikalischer Sicht zuwendet. Zwischen diesen Abteilungen steht ein nicht unwichtiger überleitungsartiger Teil, der das Allgemein-Grundsätzliche mit dem Speziell-Kirchenmusikalischen verbindet. Dieser Zwischenschritt geschieht ebenso wie die Erwähnung der kirchenmusikalischen Einzelfragen dann durchaus schon mit dem Blick auf eine mögliche spätere Anwendbarkeit der Ergebnisse, dies aber in aller Vorsicht und in der Hoffnung, Kurzschlüsse zu vermeiden.

Die erste, mehr grundsätzliche Frage, die ich stellen möchte, soll das verstärken, was bereits in der Auswertung der Paderborner Studie an mehreren Stellen zu finden ist. Das ist die Frage danach, wie repräsentativ die Ergebnisse sind. Eine Befragung von Kontrollgruppen müsste sich meines Erachtens an die vorgelegte Untersuchung anschließen. Also eine Befragung von Gottesdienstteilnehmern aus anderen Regionen, während anderer Kirchenjahreszeiträume, vor allem aber aus dem Bereich derjenigen, die bei der Paderborner Studie die Fragebögen unbeantwortet ließen und dabei möglicherweise im doppelten Sinne zu einer schweigenden Mehrheit gehört haben könnten. Denn etwas überraschend ist die ermittelte hohe Akzeptanz des Singens und der herausgehobenen Verortung dieser Ausdrucksform in Gottesdiensten ja schon. So erfreulich dieses Ergebnis sich vor allem für einen Kirchenmusiker liest, der in solchen Werten ja auch die Bestätigung seiner eigenen Arbeit sehen könnte, macht es doch auch ein wenig misstrauisch. Denn Kirchenmusikerinnen und Kirchenmusiker machen durchaus immer wieder die Erfahrung von nicht oder nur schwach singenden Gottesdienstgemeinden. Und wenn in solchen Fällen nicht grobe handwerkliche Fehler der für die konkrete Gottesdienstplanung und -gestaltung Verantwortlichen vorliegen, stellt sich einfach die Frage, ob der Effekt, den die Autoren der vorgelegten Studie bereits selbst einräumen, nämlich dass die positiven Ergebnisse auf einer positive Auswahl derer fußen, die besonders motiviert sind,[7] nicht doch die Verallgemeinerbarkeit der Ergebnisse beein-

---

7. Sowohl zum Singen als auch zum Beantworten von Fragen.

trächtigt. Das heißt, erst wenn durch die Befragung von Kontrollgruppen abgesichert ist, dass die erzielten Paderborner Ergebnisse repräsentativ sind, wird man verlässliche Aussagen machen können über die Musikpräferenzen, über die Bereitschaft Neues kennenzulernen, über die eigene Motivation zum Singen von an Gottesdiensten Teilnehmenden, vor allem aber über das tatsächliche Singverhalten in Gottesdiensten.[8]

Zweitens, ebenfalls mehr grundsätzlich, möchte ich nach dem Verhältnis von Generationeneffekten und möglicherweise entwicklungspsychologisch oder auch anders bewirkten Veränderungen bei Individuen im Durchschreiten von Lebensphasen fragen. Die Auswertung hebt an mehreren Stellen – und dies zumeist völlig nachvollziehbar – hervor, dass bestimmte Phänomene unter dem Aspekt des Generationeneffekts zu erklären sind. Bei anderen Fragen, wie zum Beispiel der nach den wichtigen Dimensionen des Singens[9] bin ich mir nicht so ganz sicher, ob die Ergebnisse auf einen reinen Generationeneffekt hindeuten oder doch nicht auch entwicklungspsychologisch zu deuten sind. Auch frage ich mich, ob die leichte Abnahme der relativen Beliebtheit von Chorälen zwischen der Altersgruppe der 10–13-Jährigen und der 14–19-Jährigen und dann die kontinuierliche Wiederzunahme der relativen Beliebtheit dieser Art von Gesängen bis zur Gruppe der 30–39-Jährigen schon als Generationeneffekt anzusehen ist. Aber auch selbst bei den Ergebnissen, die eindeutig als Generationeneffekte erklärt werden können, stellt sich die Frage, ob diese Ergebnisse einfach für die jeweilige Generation fortgeschrieben werden müssen oder ob nicht durch die Entwicklung der Individuen im Durchgang durch verschiedene Lebensalter und -phasen der jeweilige Generationeneffekt verwischt werden kann. Ein Grund dafür – wenn auch nicht der einzig mögliche – könnten Lerneffekte sein, was ja auch die Auswertung der Studie an einer Stelle andeutet.

Aus diesen Überlegungen möchte ich darum die Frage ableiten, ob es nicht sinnvoll sein könnte, eine ähnliche Befragung mit einem gewissen Zeitabstand zu wiederholen, um genau diesen Zusammenhang zwischen

8. Peter Bubmann hat diese Frage bereits an anderer Stelle im Blick auf die o.g. Gospelchorstudie gestellt. Sie ist aber auch auf die Paderborner Studie übertragbar. Vgl. Bubmann, Peter: Tagungsrückblick: Praktisch-theologische und kirchentheoretische Anmerkungen, in: Musik und (ihre) Mission – Im Schnittfeld von Gemeindeentwicklung und empirischer Forschung. Tagung des Sozialwissenschaftlichen Instituts der Evangelischen Kirche in Deutschland vom 22. Bis 24. Juni im Kloster Volkenroda, epd-Dokumentationen Nr. 47, 27. Oktober 2009, 70–75, 74.
9. Frage 8.

Generationeneffekten, entwicklungspsychologisch bedingten Faktoren und
Lerneffekten transparenter zu machen.

Die dritte grundsätzliche Frage ist die nach dem in der Paderborner
Studie zu Grunde gelegten Gottesdienstbegriff bzw. -verständnis. Die von
mir vorhin erwähnte bayerische Studie hat gezeigt, dass die Musikpräferenzen stark differieren zwischen den Teilnehmern an sogenannten
»sonntäglichen Regelgottesdiensten« und denen, die offenere, freiere
Gottesdienstformen bevorzugen. Das wird sich zum Teil durch eine al-
tersmäßig oder milieumäßig differenzierte Darstellung auf die Paderborner Ergebnisse abbilden lassen, aber nur mit erheblichen Unschärfen,
denn soweit ich es sehe, lassen sich die Präferenzen im Blick auf bestimmte Gottesdienstformen oder einen bestimmten Gottesdienststil
durch das Design der Paderborner Studie nicht erfassen. Ferner wäre in
diesem Zusammenhang zu fragen, ob künftig nicht auch ermittelt werden
kann, wie die sich jeweilige gottesdienstliche Situation, insbesondere der
gottesdienstliche Raum, seine akustischen Bedingungen, seine Gestaltung und seine Beleuchtung auf das Singen und Musizieren auswirken.

Viertens und für den grundsätzlichen Teil abschließend möchte ich im
Anschluss an das, was Peter Bubmann zu der Auswertung der Gospelchorstudie auf einer Tagung in Volkenroda gesagt hat,[10] fragen, ob bei einer
künftigen Studie nicht noch stärker darauf geachtet werden sollte, dass der
Musikbegriff insgesamt noch differenzierter zu handhaben ist, als es die
Paderborner Studie schon erfreulicherweise tut. Es können sich rezeptives
und aktives Musikverhalten ja durchaus in einer Weise unterscheiden, die
zu unterschiedlichen Präferenzen selbst bei einzelnen Individuen führen
kann, je nachdem, ob es um Musikhören oder um das Mitmusizieren, das
heißt in unserem Falle das Mitsingen geht. Vielleicht ist ja selbst die Frage
nach Musikpräferenzen zumindest im Blick auf einzelne Individuen zu
grob, nämlich für die, die keine generellen Stilpräferenzen haben, weil ihre
musikalische Identität aus einem Patchwork von Stilen, Stücken und Gesängen besteht, das sich durch die jeweiligen Situationen und Umstände
ergibt, in denen Musik für diese Individuen eine Rolle spielt. Darüber hinaus möchte ich fragen, ob nicht künftig auch die Einstellungen der Gottesdienstteilnehmer zum Verhältnis von aktiv mitgestalteter Musik auf der
einen Seite und den äußerlich mehr passiv rezipierten Musikformen auf

---

10. Vgl. Anm. 8.

der anderen Seite ermittelt werden sollten, um einen umfassenden Überblick über die Rolle und Bedeutung von Musik in Gottesdiensten zu erhalten und damit auch das Singen in diesen größeren Kontext besser einordnen zu können. Erste Ansätze dazu bietet die bayerische Studie in ihren Ergebnissen zur Instrumentalmusik und Chormusik in Gottesdiensten, die aber noch genauer ausgewertet oder zumindest zu dem Paderborner Material in Beziehung gesetzt werden müssten.

Den angekündigten Zwischenbereich von der mehr allgemeinen Abteilung meiner Fragen zu konkreten Einzelfragen möchte ich unter das Leitmotiv »Lernsituationen und Lernorte« stellen. Den Anlass dafür geben mir drei Beobachtungen: Erstens: der bereits vorhin erwähnte Hinweis der Paderborner Studie auf Lerneffekte. Zweitens: die in der Paderborner Studie ermittelte hohe Bereitschaft, neue Lieder kennen zu lernen. Und drittens: die durch die bayerische Studie belegte Abneigung von Gottesdienstteilnehmern, im Gottesdienst selbst Lieder und Kanons einzuüben.

Wenn also der bayerischen Studie folgend der Gottesdienst selbst aus guten Gründen nicht der primäre Ort für das Erlernen neuer Lieder sein kann: Wo sind also sonst die Orte und Situationen, in denen neue Lieder – und das kann ja individuell auch die erstmalige Begegnung mit altem, traditionellem Liedgut bedeuten – kennengelernt werden können? Um der späteren Diskussion genug Raum zu geben, will ich es hier bei der eher allgemeinen Andeutung belassen, dass Kirchenmusikerinnen und Kirchenmusiker, Pfarrerinnen und Pfarrer, Diakoninnen und Diakone, Erzieherinnen und Erzieher sowie Religionspädagoginnen und Religionspädagogen gleichermaßen gefragt sind, wenn es darum geht, solche Lernorte und Situationen zu entdecken und im Blick auf das Singen und gottesdienstliche Musizieren didaktisch und methodisch sinnvoll zu erschließen. Vor allem muss es dabei darum gehen, solche Lernsituationen auch deutlich auf Gottesdienste zu beziehen, wenn denn gerade das gottesdienstliche Singen befördert werden soll.[11]

Und damit komme ich nun zu meiner zweiten Abteilung der mehr konkret-kirchenmusikalischen Fragen. Auch wenn ich vorhin vor dem »naturalistischen Fehlschluss« gewarnt habe: In dieser Abteilung muss es doch

---

11. Ich meine damit auch gottesdienstnahe Lernorte, die sich vor allem in den Situationen ergeben, in denen eine Gemeinde schon rechtzeitig vor dem Gottesdienst versammelt ist, also z. B. am Heiligen Abend, bei Konfirmationen o. ä.

irgendwie darum gehen, nach möglichen Reaktionen auf die Ergebnisse der Paderborner Studie zu fragen, also darum, wie Kirchenmusikerinnen und Kirchenmusiker, wie aber auch Gemeindeleitungen und Kirchenleitungen Optionen für Handlungsmuster entwickeln können, die den erzielten Ergebnissen Rechnung tragen, selbst wenn noch nicht erwiesen ist, dass sie repräsentativ sind.

Als erstes möchte ich dabei als Kirchenmusiker noch einmal genauer nach den Gründen fragen, die zu bestimmten Werten in der Paderborner Studie führen. Ich würde zum Beispiel gern wissen, wie bestimmte Präferenzen hinsichtlich der der Arten der Gesänge zu Stande kommen, welche Faktoren zum Beispiel dazu führen, dass Choräle und liturgische Gesänge bei Jugendlichen ganz offensichtlich nicht zu den beliebtesten Singformen gehören. Allerdings muss ich nach näherem Hinsehen sagen, dass mich das absolute Ergebnis eher positiv überrascht hat. Also, dass bezogen auf die Zahl der befragten Individuen doch immerhin jeweils ein knappes Drittel der 10–13-Jährigen angegeben hat, dass die Angehörigen dieser Altersgruppe auch gerne Choräle und liturgische Gesänge mitsingen. Spricht dies nicht dafür, dass es beim gottesdienstlichen Singen trotz aller Generations- und Bildungsunterschiede nicht um ein stilistisches Schwarz-Weiß-Denken gehen kann? Spricht dies nicht auch dafür, dass bei der nachwachsenden Generation eine Offenheit und Toleranz auch gegenüber Musikpraktiken und -stilen vorhanden ist, von denen manche Erwachsene es sich nicht recht vorstellen können, dass Jugendliche sich dafür interessieren lassen? Liegt nicht alleine schon in diesem einzigen Beispiel ein Potenzial, das für eine Verstärkung offen ist? Hängen die gegebenen Antworten nicht überhaupt sehr davon ab, in welcher Art und Weise für den Gottesdienst taugliche Musik und Gesänge vermittelt werden, sowohl performativ, das heißt durch deren faktischen Vollzug in Gottesdiensten als auch pädagogisch im weitesten Sinne in den unterschiedlichen den Gottesdiensten vorgängigen Lernsituationen?

Wenn denn die Generationszugehörigkeit und der Bildungsgrad entscheidende Faktoren sind, die zum ermittelten Antwortprofil führen, müsste dann nicht die kirchenmusikalische Antwort auf diesen Befund sein, die kirchenmusikalischen Bildungsbemühungen zu verstärken und vor allem den Nachwachsenden, diesen aber nicht alleine, ein musikalisch breit angelegtes Repertoire an Ausdrucksmöglichkeiten anzubieten? Es müsste meiner Meinung nach um ein Repertoire gehen, aus dem die zukünftigen Gottesdienstteilnehmerinnen und -teilnehmer leicht schöpfen können, weil sie eine ausreichende Chance hatten, es sich anzueignen, und das es ihnen darum erlaubt, sich in unterschiedlichen gottesdienstlichen Situationen zurechtzufinden und an diesen zu partizipieren. Das heißt wir sind wieder bei dem oben beschriebenen Zwischenschritt, also der Frage nach den Lernorten und Lernformen, in denen ein solches Repertoire vermittelt wird. Gerade das Singen ist eine ganz herausragende Art und Weise, aktiv und gemeinschaftlich, mit Gefühl und Verstand, geist- und körperbezogen am Gottesdienst zu partizipieren und selbst zu einer guten gottesdienstlichen Atmosphäre beizutragen. Darum muss es das Ziel sein, den Menschen von frühester Kindheit an in vielfältiger Weise positiv besetzte Singerfahrungen zu vermitteln, die nicht nur auf einen Stil hin enggeführt sind, sondern es erlauben, eigene Vorlieben zu entwickeln und dabei dennoch nicht bei der Musik, die den jeweiligen Vorlieben nicht völlig entspricht, sogleich zu verstummen, sei es aus mangelnder Übung, Unkenntnis oder aus Intoleranz. Das wird sich dann ganz selbstverständlich auch auf die Gottesdienste auswirken und helfen, sie zu positiv besetzten Erfahrungen werden zu lassen.

Wie Sie sicherlich gemerkt haben, habe ich bislang mehr die jüngere Generation in meinen Überlegungen im Blick gehabt. Ich müsste nun mindestens genauso ausführlich entsprechende Fragen bezogen auf die älteren Generationen stellen. Ferner müsste ich über die Konsequenzen für die Ausbildung von Kirchenmusikerinnen und Kirchenmusikern reden. Das alles muss aber aus Zeitgründen unterbleiben. Ich bin aber hoffnungsvoll, dass dieser und auch andere von mir nicht erwähnte kirchenmusikalische Aspekte und Kommentare von den anderen hier anwesenden kirchenmusikalischen Kolleginnen und Kollegen in der Diskussion noch angesprochen werden und damit berücksichtigt werden können.

Lassen Sie mich also zum Ende kommen in Form einer kleinen Coda. In der Musik ist die Coda bekanntlich der Teil, der das Ende ankündigt, aber noch so viel Raum lässt, dass auch neue Motive eingeführt werden können. Meine beiden Schlussmotive sind eben schon mit den Stichworten »Repertoirebildung« und »Vielfalt« angeklungen und ich möchte sie noch ein wenig ausbauen, indem ich beide an einem Beispiel explizit mache: Die württembergisch-badische Kernliederliste, die nun auch die Liturgische Konferenz übernommen hat, ist ein Versuch, beides zusammenzubringen, indem mit ihr eine Repertoirebildung befördert werden soll, die zugleich den Aspekt stilistischer Vielfalt beachtet. Diese Kernliederliste soll nun nach und nach durch didaktisches Material zu den in ihr enthaltenen Liedern unterfüttert werden. Zur Verstärkung dieses Unterfangens hat man in Württemberg noch die Initiative »Zum Singen bringen« ins Leben gerufen, die über Multiplikatoren erreichen möchte, dass möglichst viele schon vom Kindesalter an sich das durch die Kernliederliste repräsentiere Repertoire aneignen können, in der Hoffnung damit auch einen Grundbestand zu kennen, von dem aus sich Neues und darüber Hinausgehendes leichter erschließen lässt. Meiner Meinung nach würde es sich sehr lohnen, diesen konkreten Versuch, die Vermittlung eines Grundrepertoires gottesdiensttauglichen Singens zu befördern, auch wissenschaftlich im Auge zu behalten und zum Beispiel durch regelmäßige Befragungen zu begleiten, auszuwerten und auf die heute vorgestellten und diskutierten Ergebnisse zu beziehen. Überhaupt möchte ich anregen, und damit komme ich nun wirklich zum Ende, das mit dem heutigen Tag begonnene Unterfangen, die in der Paderborner Studie erhobenen Daten mit den Ergebnissen der anderen genannten Studien miteinander ins Gespräch zu bringen, unbedingt fortzusetzen, ja vielleicht sogar auf breitere Füße zu stellen. Meiner Meinung nach ist es an der Zeit, die verschiedenen Forschungsressourcen zu vernetzen und in einem größeren Projekt zu bündeln. Möglicherweise könnte es ja ein Ziel sein, die Kirchenmusik im weitesten Sinne, dabei aber insbesondere auch das gottesdienstliche Singen und die in Gottesdiensten erklingende Musik als integralen Bestandteil bei zukünftigen repräsentativen Mitgliedschaftsbefragungen der EKD zu berücksichtigen. Aber vielleicht gibt es ja auch noch eine andere Lösung durch Kooperation von Hochschulen in einem größeren Forschungsprojekt.

Kommentare

Kommentar aus der Sicht
einer empirischen Kirchenmusikstudie[1]

Jochen Kaiser

> *»Das Singen im Gottesdienst der protestantischen Kirchen,*
> *lässt immer mehr zu wünschen übrig.«*

> *»Die evangelischen Gottesdienste würden auf*
> *größeren Zuspruch bei den Menschen treffen,*
> *wenn dort andere Musik gespielt würde.«*

Diese beiden Zitate können als Ausgangsbeobachtung, einmal für die Paderborner Forschung und zum anderen für meine empirische Kirchenmusikstudie stehen. Musik und Singen spielen für evangelische Gottesdienste eine zentrale Rolle.[2] Anhand der beiden obigen Zitate wird dies erkennbar, denn es wird die Sorge um das Singen und das missionarische Potential der Musik im Gottesdienst angesprochen. Da beide Aussagen subjektiv gefühlte Realitäten ausdrücken, provozierten sie eine empirische Überprüfung.

1. Erlebnisse von Religiosität in gottesdienstlicher Musik – Einführung

Eine Skizze soll den Rahmen meiner Studie abstecken, damit meine Äußerungen zur Paderborner Studie besser eingeordnet werden können. Das

---

1. Vgl. Kaiser, Jochen: Religiöses Erleben durch gottesdienstliche Musik, eine empirisch-rekonstruktive Studie, unveröffentlichte Universitätsdissertation der Philosophischen Fakultät der Ernst-Moritz-Arndt Universität, Greifswald 2010.
2. Vgl. Kirche klingt. Ein Beitrag der Ständigen Konferenz für Kirchenmusik in der evangelischen Kirche in Deutschland zur Bedeutung der Kirchenmusik in Kirche und Gesellschaft, hg. vom Kirchenamt der EKD, Hannover 2009, 23.

Ziel meiner Arbeit ist die empirische Abbildung des musikalischen Gottesdienstraumes, so wie man ihn in vielen Gemeinden erleben kann. Damit stand der traditionskontinuierliche Gottesdienst[3] im Zentrum des Interesses der Untersuchung, ohne andere Gottesdienstformen auszugrenzen. Die verwendete empirische Methode ist eher der qualitativen, anders gesagt der rekonstruktiven Sozialforschung zuzurechnen.

In einem Schreibaufruf wurden Gottesdienstbesucher aufgefordert, schriftlich musikalische Gottesdiensterlebnisse zu erzählen. Um die Geschichte nicht nur lesend, sondern auch hörend auszulösen, konnte man eine Musik-CD, auf der fünf kirchenmusikalische Werke waren, abspielen. Das war eine wesentliche Erweiterung der Datenerhebung in Richtung Klang und Raumgefühl. Das Hören der CD ließ die Befragten eine gottesdienstlich-normierte Situation erleben, denn die Musik und die Lieder sind im Gottesdienst, unabhängig vom Wunsch des Einzelnen, vorgegeben. Als Auswertungsmethode wurde die »Dokumentarische Methode« von Ralf Bohnsack genutzt.[4]

Insgesamt konnten 64 Erlebniserzählungen von Personen beiderlei Geschlechts, einer relativ großen Altersspanne von 13–85 Jahren, unterschiedlichen Wohnorten, die über ganz Deutschland verteilt sind, unterschiedlicher Nähe und Ferne zum christlichen Glauben und den kirchlichen Gottesdiensten sowie unterschiedlichen Konfessionen gesammelt und ausgewertet werden.

2. Gemeinsamkeiten und Unterschiede der beiden Studien

Diese kurzen einführenden Bemerkungen zeigen die Unterschiede zwischen der Paderborner Studie und meiner Arbeit. Stichpunktartig sollen einige Differenzen, die aus den gewählten Methoden resultieren, aufgenommen werden.

---

3. Vgl. Gottesdienst feiern. Erwägungen zur Fortführung des agendarischen Reformprozesses in den evangelischen Kirchen, in: Gottesdienst feiern, Zur Zukunft der Agendenarbeit in den evangelischen Kirchen, hg. von Michael Meyer-Blanck, Klaus Raschzok und Helmut Schwier, Gütersloh 2009, 35 und 74.

4. Vgl. Bohnsack, Ralf: Rekonstruktive Sozialforschung. Einführung in qualitative Methoden, Opladen [7]2008; Bohnsack, Ralf/Nentwig-Gesemann, Iris/Nohl, Arnd-Michael: Die dokumentarische Methode und ihre Forschungspraxis. Grundlagen qualitativer Sozialforschung, Wiesbaden [2]2007.

Singen im Gottesdienst (Paderborn)	Religiöses Erleben durch gottesdienstliche Musik (Jochen Kaiser)
Es wird eine quantitative Datenerhebung verwendet, deshalb liegen messbare Ergebnisse vor.	Es liegt eine qualitative Datenerhebung zugrunde, deshalb wird ein interpretatives Feld über Musik im Gottesdienst geöffnet.
Die Fragebögen erheben Meinungen und es können Gewichtungen der Zustimmung oder Ablehnung angegeben werden. Daraus resultiert eine starke Beeinflussung durch die Forscher.	Schriftliche Erzählungen entfalten die erlebte Musik narrativ, im individuellen Erfahrungshorizont.
Eine sehr große Anzahl an Meinungen kann bearbeitet werden.	Eine relativ kleine Anzahl an Geschichten wird interpretierend ausgewertet.
Es liegt keine Repräsentativität vor, aber durch die vielen Zuschriften eine große Validität.	Es kann nur eine inhaltliche Repräsentativität erreicht werden, d. h., dass möglichst alle Merkmale gottesdienstlicher Musik entdeckt wurden, allerdings nicht in ihrer quantitativen Gewichtung.
Lieder, die im Fragebogen erwähnt sind, können nur lesend aufgenommen werden.	Durch die Musik-CD kann man Musik auch hörend erleben.
Unter den Befragten sind keine Gottesdienstbesucher aus den östlichen Landeskirchen.	27 Befragte (42 %) kommen aus den östlichen Landeskirchen.

In sieben Punkten sollen Ähnlichkeiten, Unterschiede und Anfragen aus meiner Sicht aufgenommen werden. Sie sind als Anstoß zur weiteren Diskussion gedacht.

2.1 Singen im Gottesdienst

Singen ist die zentrale Kirchenmusik im Gottesdienst. Diese Vorannahme der Paderborner Studie wurde durch die Befragten meiner Arbeit bestätigt. Die offene und allgemeine Anregung ließ die Befragten meiner Untersuchung frei über die Musik im Gottesdienst erzählen. Das Singen wurde im

Schreibaufruf nur nebenbei erwähnt und trotzdem wird in 57 der 64 ausgewerteten Geschichten ganz selbstverständlich über das Singen im Gottesdienst berichtet. Die Paderborner Studie zeigt, dass die Kirche als ein bedeutender Singort erlebt wird. Dieses Ergebnis wird zwar ein wenig eingeschränkt, denn es fehlt eine repräsentative Vergleichsgröße, um die Kirche als zentralen Ort für das Singen[5] zu analysieren und da der Fragebogen im Umfeld eines Adventsgottesdienstes ausgeteilt wurde, stand ein Gottesdienst automatisch im Fokus der Antwortenden, trotzdem überzeugt die hohe Anzahl der Aussagen und der Gottesdienst als Ort des Singens wird durch meine Ergebnisse unterstützt.

Damit wird die Förderung des Singens, in verschiedenen Altersgruppen und Musikstilen, zu einer zentralen Zukunftsaufgabe der Kirchenmusik.

2.2 Gottesdienstliche Musik schafft Atmosphäre

Der relativ offene Impuls, der in meiner Arbeit eine Erlebniserzählung anregte, nahm die Interessen der Befragten an dem Thema »Musik im Gottesdienst« auf und so konnten, anders als in der Paderborner Studie, die Antwortenden Themen und Meinungen ausdrücken, die ich selbst nicht im Blick hatte. Eines dieser »außermusikalischen« Ergebnisse ist die Betonung der Atmosphäre, also Raum, Licht, Tageszeit, Blumen und Geruch, die zu einem gelingenden Gottesdienst beitragen. Die Gruppe, die am stärksten diese Meinung vertritt, heißt in meiner Studie »Überzeugte Gottesdienstbesucher«. Es sind Menschen, die regelmäßig Kontakt zum Gottesdienst und anderen kirchlichen Veranstaltungen haben und ihren Glauben gut in Worte fassen können, weil sie darüber reflektiert haben und er maßgeblich ihr Leben bestimmt. Auch diese hochverbundenen Gottesdienstteilnehmerinnen und -teilnehmer legen keinen Wert auf eine triste und graue Atmosphäre im Gottesdienst, sondern lieben für ihren Glauben eine atmosphärische Unterstützung.

2.3 Individuelles und gemeinschaftliches Singen

Bei der 5. Paderborner Frage sollte angegeben werden, bei welchen Gelegenheiten man singt. Die Antwortvorgaben lauteten zum Beispiel »Ich

---

5. In der Paderborner Studie gaben 89 % die Kirche als zentralen Ort des Singens an.

singe nie«, »Auto«, »Badewanne/Dusche«, »Schule«, »Kirche« etc.[6] Hier
ist meines Erachtens die Vermischung zwischen individuellem und ge-
meinschaftlichem Singen zu hinterfragen. Karl Adamek hat das Singen
im Auto und der Badewanne als hilfreich für den homöostatischen Aus-
gleich der Gefühle analysiert.[7] So wie das Badewasser für eine äußere Rei-
nigung sorgt, wird im Singen das Innere reinigend befreit. Das Singen
geschieht nebenbei, wahrscheinlich oft, ohne dass man es bemerkt. Im
Gegensatz dazu ist das Singen im Gottesdienst oder im Chor ein bewuss-
tes Singen in der Gruppe. Das Singen in der Gruppe oder als Einzelner ist
zu unterscheiden. Die Differenz wurde allerdings bisher nur unzureichend
empirisch erforscht.[8] Ernst Klusen[9] folgend wird eine idealtypische Unterscheidung aufgenommen, die die Funktion des Singens in einer Gruppe
betrifft. Wenn die Gruppe, zum Beispiel ein Chor, wegen des Singens zusammen kommt, steht das Singen im Zentrum der Aufmerksamkeit. Das
Lied schöpft seine Bedeutung aus seiner ästhetischen Qualität und die
Gruppe ist diesem Lied verpflichtet. Die gottesdienstliche Versammlung
dient nicht in erster Linie dem Singen, sodass das Singen dienende Funktion bekommt.

Aus dieser Blickrichtung – Einzelner versus Gemeinschaft; bewusstem
versus unbewusstem Singen; einer Gruppe, die sich zum Singen trifft
versus einer Gruppe, bei der das Singen dienende Funktion hat – sind die
benannten Sing-Gelegenheiten des Paderborner Fragebogens inkommen-
surabel. In den Geschichten, die ich analysiert habe, wird das faszinierende
des gottesdienstlichen Singens in der entstehenden spirituellen Gemeinschaft gesehen. Diese temporäre Gemeinschaft beim Singen wird besonders von den Gottesdienstbesucherinnen und -besuchern hervorgehoben,
die relativ selten in einen Gottesdienst gehen.

---

6. Mehrfachnennungen waren möglich.
7. Vgl. Adamek, Karl: Singen als Lebenshilfe. Zur Empirie und Theorie von Alltagsbewältigung,
   Münster/New York ⁴2008, 71 und 84f.
8. Vgl. Willa, Josef-Anton: Singen als liturgisches Geschehen, Dargestellt am Beispiel des »Ant-
   wortpsalms« in der Messfeier, Regensburg 2005, 91; Klusen, Ernst: Singen. Material zu einer
   Theorie, Regensburg 1989, 162–190.
9. Vgl. Klusen: Singen, S. 163ff. (Anm. 8).

2.4 Meinung oder Erlebnis

In meiner Arbeit wurde zwischen Erlebniserzählung und Meinungsäußerung unterschieden. Hermann J. Kaiser hat überzeugend dargelegt, dass
musikalische Erfahrungen, große Hörerlebnisse nur mit Hilfe von Erzählungen vermittelt werden können.[10] Narrative Sequenzen[11] zeichnen sich
durch das Erzählen eines einmaligen Erlebnisses aus. Mit Narration ist
eine »dichte Beschreibung« nach Clifford Geertz[12] gemeint, die in fast poetischer Weise durch Sprache Ereignisse »wieder-holt«. Damit soll aber
nicht gesagt werden, dass das Ursprungsereignis und das Wieder-Erlebte
identisch sind. Zur Erforschung von Religiosität und der religiösen Wirkung von Musik im Gottesdienst sind narrative Äußerungen von zentraler
Bedeutung, denn diese Erlebnisse sind immer subjektiver Art und heben
sich vom Alltag und der Gewohnheit ab.[13] Eine Meinungsäußerung wurde
in meiner Untersuchung als typisch-wiederholte Erfahrung des Einzelnen,
die sich durch eine größere Reflexivität als eine Erlebniserzählung auszeichnet, aufgenommen. Eine Meinungsäußerung bildet ein typisches Erlebnismuster des Einzelnen ab.[14]

Obwohl die quantitative Methode der Paderborner Studie diese Unterscheidung nicht nahelegte, hat meines Erachtens der Zeitpunkt der Fragebogenausfüllung Einfluss auf die Antworten. Wenn der Fragebogen direkt
nach dem Gottesdienst ausgefüllt wurde, dann sind die Antworten durch
den gerade erlebten Gottesdienst beeinflusst, wenn er zu einem späteren
Zeitpunkt, Zuhause ausgefüllt wurde, dann hat man eher seine Meinung
dargelegt. Beide Ebenen sind für eine Erforschung der Musik und des
Singens im Gottesdienst notwendig, können aber nicht gemeinsam abgefragt werden.

---

10. Vgl. Kaiser, Hermann J. (Hg.): Musikalische Erfahrung: Wahrnehmen, Erkennen, Aneignen,
    Essen 1992, v.a. 100–113 (Ders.: Meine Erfahrung – Deine Erfahrung?! Oder: Die grundlagentheoretische Frage nach der Mittelbarkeit musikalischer Erfahrung); Muthesius, Dorothea:
    Musikerfahrungen im Lebenslauf alter Menschen: eine Metaphorik sozialer Selbstverortung,
    Münster 2002, 35.
11. Vgl. Przyborski, Aglaja/Wohlrab-Sahr, Monika: Qualitative Sozialforschung. Ein Arbeitsbuch,
    München ²2009, 224f.
12. Vgl. Geertz, Clifford: Dichte Beschreibung. Beiträge zum Verstehen kultureller Systeme, Frankfurt am Main 1987, 10–15.
13. Vgl. Knoblauch, Hubert: Qualitative Religionsforschung. Religionsethnographie in der eigenen
    Gesellschaft, Paderborn 2003, 124.
14. Vgl. Schütz, Alfred/Luckmann, Thomas: Die Strukturen der Lebenswelt, Frankfurt am Main
    ⁴1991, 327.

Im Vergleich beider Studien wird durch die Analyse des atheoretisch[15] gegebenen Hintergrundes in den Erlebniserzählungen meiner Studie die kritische Beurteilung der Meinungsäußerung möglich. Zum Beispiel wird im folgenden Abschnitt die geäußerte Meinung der Paderborner Befragten, dass Musik und Klang für ein christliches Lied am Wichtigsten sind, durch meine Arbeit verstärkt.

2.5 Dimensionen eines christlichen Liedes

Aus Sicht einer empirischen Kirchenmusikstudie, die die Bedeutung von gottesdienstlichen Musikerlebnissen für Glaubende erforschen will, ist die 8. Paderborner Frage zentral. Sie lautete: Was ist Ihnen an einem christlichen Lied wichtig? Die Antwortvorgaben, die man in vier Stufen von sehr wichtig bis unwichtig geben konnte, hießen: 1. Text, 2. Musik/Klang, 3. die empfundenen Gefühle, 4. Bekenntnis des Glaubens, 5. Hoffnung und Zuversicht, 6. Sonstiges.

2.5.1 Freude beim Singen im Gottesdienst

Die Antwortvorgaben sind auf einer relativ reflexiven Ebene, denn die spontane Antwort, was bei einem, auch bei einem »christlichen« Lied wichtig ist, könnte die Freude oder den Spaß beim Singen zum Ausdruck bringen. Dass Musik im Gottesdienst Freude bereiten soll, wurde in meiner Arbeit immer wieder ausgedrückt und korrespondierte manchmal mit einer Ablehnung des traditionell ausgerichteten Gottesdienstes. Insgesamt kann man feststellen, dass die Erzählenden ausdrücken, dass Musik Freude in die Gottesdienste bringen kann, deshalb ist fast ein Drittel der Befragten in den Religiositätstyp 8 (»Ausdruck von religiöser Freude«) eingeordnet. Wenn man die Gospelstudie des Sozialwissenschaftlichen Institutes der EKD aufnimmt, dann ist ein wesentliches Ergebnis, dass die Chorsängerinnen und -sänger in der Gospelszene begeistert sind vom Singen. Bei der Frage nach den Gründen des Singens im Gospelchor antworten 100 %, dass sie aus Freude am Singen und Musizieren mitma-

---

15. Mit dem Wort »atheoretisch« ist das nicht sprachlich explizierte Handlungswissen gemeint. (vgl. Przyborski/Wohlrab-Sahr: Qualitative Sozialforschung, 275 [Anm. 11]). Im Zentrum meiner Untersuchung standen die tieferen Einstellungen zur Musik im Gottesdienst, die schon habitualisiert sind und in atheoretischer Form in die Geschichten einflossen.

chen.[16] Glauben und Spaß werden im Gospelsingen nicht als Gegensatz
erlebt, sondern eine fröhliche Grundhaltung kann in dieser Musik ausgedrückt werden und sie hat trotzdem engen Kontakt zu religiösem Ausdruck.[17] »Gospel begeistert auch auf emotionaler Ebene, mit seiner atmo-
sphärischen Anmutung und veranlasst Sänger/-innen darüber nicht
selten, selber die Klinke [Gospel wird als missionarischer Türöffner be-
schrieben] in die Hand zu nehmen, weil sie die BeGeisterung spüren.«[18]
Das fröhliche, tänzerische und körperbezogene Potential der Musik und
des Singens sollte in den Gottesdiensten stärker genutzt werden.

2.5.2 Die Bedeutung der Fragestellung

Jede Frage, die man stellt, lässt eine Intention erkennen, was man erfahren
möchte. Diese menschliche Eigenschaft ist für die Kommunikation mit
anderen Personen sehr hilfreich, für die empirische Forschung stellt sie
aber ein Problem dar. Die Forschenden wollen in der Regel nicht ihre Meinung bestätigt haben, sondern die Überzeugungen der Befragten hören.
Aus diesem Grund ist die richtige Frageformulierung ausgesprochen wichtig. Ich hätte die Frage 8 wahrscheinlich anders gestellt, vielleicht: Was ist
Ihnen an einem Lied, das im Gottesdienst gesungen wird wichtig? Damit
wäre man der aus meiner Sicht schwierigen Dichotomie »christliches Lied«
und was nun? »unchristlich«, »weltlich« ... aus dem Weg gegangen. Interessant wäre auch die Frage gewesen: Welche/s Lied/er singen Sie besonders gerne im Gottesdienst? Einige freie Zeilen, für die Antwort und dann
die Frage: Was ist Ihnen an »diesem« Lied wichtig – plus die vorgegebenen
Antwortmöglichkeiten.

Hier ist eine Schwäche der gewählten Methode zu erkennen, die desto
besser messbare Ergebnisse erreicht, je konkreter eine Frage gestellt wird.
Bedenken muss man dabei, dass vielleicht die individuell relevanten Dimensionen eines gottesdienstlichen Liedes für die Befragten nicht mehr
getroffen werden.

---

16. Vgl. Ahrens, Petra-Angela: BeGeisterung durch Gospelsingen, Erste Bundesweite Befragung
    von Gospelchören Sozialwissenschaftliches Institut der EKD, Hannover 2009, 26.
17. Vgl. Ebd., 34.
18. Ebd., 37.

2.5.3 Der Liedtext und der individuelle Glaube

Die reflexive Ebene der Antwortmöglichkeiten bei der 8. Paderborner Frage, spielt in meiner Studie eine Nebenrolle. Insgesamt wird von den Erzählenden das Singen als aktueller Vollzug angesehen, der sie, überspitzt gesagt, mitreißt oder langweilt. Einigen Befragten fällt das Singen von Liedern im Gottesdienst dann schwer, wenn ihr individueller Glaube nicht mit dem Liedtext übereinstimmt. Als illustrierendes Beispiel nehme ich den Choral »Ein feste Burg ist unser Gott« (EG 362). In der vierten Strophe heißt es: »Nehmen sie den Leib, Gut, Ehr, Kind und Weib: lass fahren dahin, sie haben's kein' Gewinn«. Diese Zeilen werden als Geringschätzung der irdischen Güter angesehen, die man, wenn man nur richtig glaubt, ohne Not aufgeben, kann. Sobald das Lied diesen Vers erreicht, verstummen diese Sängerinnen und Sänger, weil die Aussage ihrem Glauben widerspricht.[19]

2.5.4 Musik und Klang als praktisch-theologische Dimension

Die Befragten der Paderborner Studie finden Musik und Klang am Wichtigsten (Mittelwert 3.57). Der Text folgt mit einem sehr geringen Abstand, an zweiter Stelle (Mittelwert 3.35). Meine Arbeit unterstützt die Aussagen der Teilnehmerinnen und Teilnehmer an der Paderborner Studie und verstärkt die Bedeutung von Musik und Klang als wichtige Parameter für ein Lied. Der Text spielt in den Erzählungen meiner Arbeit eine untergeordnete Rolle und dies sogar im Kirchenmusiktyp C2, in dem es um den Glaubensausdruck durch Musik und Lieder geht. Musik und Klang wird durch beide Studien, als eine ebenso wichtige praktisch-theologisch einzubeziehende Größe, wie der Text erkannt. Gerade für die Lieder sollte man auf Christa

---

19. An dieser Stelle ist nicht der Raum, um diese Frage ausführlicher zu diskutieren, deshalb nur ein kurzer Hinweis: Lieder, die den eigenen Glaubensüberzeugungen widersprechen, rufen zur Rebellion. Jede vorgegebene Handlung, jedes Ritual eignet sich, um zu rebellieren. Das wurde von Victor Turner ausführlich dargestellt (vgl. Turner, Victor: Vom Ritual zum Theater. Der Ernst des menschlichen Spiels, Frankfurt am Main 1989, 41f.). In der Regel führt herausgeforderter Widerspruch zur Bewusstwerdung der eigenen Glaubensüberzeugungen. Es ist auch nicht notwendig, dass man jedem Text, den man singt, inhaltlich zustimmt. Das Lied ist dem eigenen Glauben voraus und verändert ihn im Singen (vgl. Reich, Christa: »... davon ich singen und sagen will«, Überlegungen zum Verhältnis von Musik und Evangelium, in: Evangelium: Klingendes Wort, Zur theologischen Bedeutung des Singens, Stuttgart 1997, 20). Das kann man als prophetische Dimension, die in den Liedern steckt, bezeichnen. Singend ist es möglich, schon an der neuen Wirklichkeit zu partizipieren.

Reich und Johannes Block[20] verweisen, die eine Hermeneutik bevorzugen, die beide Ebenen, nämlich Musik und Text, im Lied zusammenhalten. Die Melodie bekommt hermeneutische Funktion, indem das Singen als personale Aktualisierung verstanden wird. Dieses Verständnis »revolutioniert« das Heraussuchen von Liedern für den Gottesdienst, denn das Lesen der Texte am Schreibtisch wird damit als ungenügend erkannt.

2.6 Zusammenhang zwischen Text und Alter

Für die Bedeutung des Textes von Liedern wurde in beiden Studien eine Altersentwicklung ermittelt. Die Alterskurve der Paderborner Befragung, zeigt bei dem Item »Text« der Dimensionen eines christlichen Liedes (Frage 8) einen Anstieg von 2.9 bei den 10 bis 13-jährigen Befragten auf 3.5 bei den 70 bis 79-jährigen. Die Zunahme der Textbedeutung mit steigendem Alter ist ebenfalls ein Ergebnis meiner Arbeit. Daraus ergibt sich die größere Bedeutung der Musik und des Klanges für die jüngeren Befragten. Es geht beim Singen nicht um ein Lesen von Texten, sondern um personale Aktualisierung des Evangeliums. Rationales Erkennen der Texte wird dabei nicht verleugnet, sondern integriert und zur Selbstauslegung genutzt.

Mit zunehmendem Alter wird das reflektierende Nachdenken über Liedtexte häufiger, was in entwicklungspsychologische Studien über die Glaubensentwicklung, zum Beispiel von James Fowler[21] nachgewiesen wurde.

2.7 Der Rhythmus in der Kirchenmusik

In der Paderborner Studie fehlt meines Erachtens die Frage nach der Bedeutung des Rhythmus für die Musik. Zwar wurde in einige biblischen Erzählungen und in der Geschichte der Kirchenmusik der Rhythmus und damit das körperbezogene und energetische Element der Musik wenig geachtet und eher ausgegrenzt,[22] doch ist der Rhythmus in der sogenann-

---

20. Block, Johannes: Verstehen durch Musik: Das gesungene Wort in der Theologie, Ein hermeneutischer Beitrag zur Hymnologie am Beispiel Martin Luthers, Tübingen und Basel 2002.
21. Vgl. Fowler, James W.: Stufen des Glaubens, Die Psychologie der menschlichen Entwicklung und die Suche nach Sinn, Gütersloh 1991, 136–231.
22. Vgl. Bubmann, Peter: Von Mystik bis Ekstase. Herausforderungen und Perspektiven für die Musik in der Kirche, München 1996, 13.

ten populären Musik des 20. Jahrhunderts immer wichtiger geworden. In meiner Untersuchung sind im Kirchenmusiktyp B4 (dem »Rhythmus- und Bewegungstyp«) die Befragten aufgenommen, die durch Rhythmus und Körperbewegungen die Wirklichkeit transzendieren wollen, um dadurch etwas von Gottes Wirklichkeit zu erleben. Es muss in diesem Erleben eine Spannung zu den biblischen Musikzeugnissen (Exodus 32 und 1. Könige 18), die gerade keine Öffnung zu Gottes Wirklichkeit ausdrücken, postuliert werden.[23]

In der Frage nach der Liedgestaltung im Gottesdienst (Frage 15 des Paderborner Fragebogens) ist ein indirekter Rückschluss auf die Rhythmusfrage möglich. Zwar dominiert insgesamt die Orgel als Begleitinstrument, aber bei den 10 bis 29-jährigen Befragten werden als Liedbegleitung Klavier/Keyboard, Gitarre und Band bevorzugt. Alle drei Begleitformen sind deutlich rhythmusorientierter als die Orgel. Eine Frage nach dem Rhythmus hätte kritisches Potenzial an der üblichen Kirchenmusik hervorbringen können. In meiner Studie wünschen sich gerade die jüngeren Befragten mehr Rhythmus und Bewegung in der gottesdienstlichen Musik, was in dem schon erwähnten Typ B4 (»Rhythmus- und Bewegungstyp«) aufgenommen wurde.

Für Kinder und Jugendliche werden Lieder, die körperliche Bewegung zulassen, das Singen attraktiver machen und die Erlebensweise des Spannungsschemas der alltagsästhetischen Schemata von Gerhard Schulze[24] ermöglichen.

3. Zukunftsmusik – empirische Kirchenmusikforschung

Meine zusammenfassende Beurteilung ist doppelt positiv. Zum einen ist die Aufnahme des gottesdienstlichen Singens durch Musikwissenschaft und Theologie wegweisend, denn hier besteht ein Forschungsdesiderat und mit der Paderborner Untersuchung ist eine tragfähige Grundlage für weitere empirische Forschungen gelegt. Die zweite positive Aufnahme betrifft die quantitative Ausrichtung, denn damit ist meine qualitative Arbeit eine gute Ergänzung ohne zu offensichtliche Überschneidungen. An den

---

23. Vgl. Ebd., 17.
24. Vgl. Schulze, Gerhard: Die Erlebnisgesellschaft, Kultursoziologie der Gegenwart, Frankfurt am Main [8]2000, 152–156.

vorliegenden Anmerkungen wurde deutlich, dass die beiden Untersuchungen im Vergleich eine gegenseitige Interpretationshilfe darstellen.

Das Potential des gottesdienstlichen Singens sollte in weiteren empirischen und theologisch-musikalischen Forschungen untersucht werden. Damit könnte der bedeutende Beitrag, den die Musik für die Religiosität der Menschen in sich trägt, analysierend eingeschätzt werden.

Auch wenn in beiden Studien die positiven Seiten des Singens im Gottesdienst empirisch entdeckt werden konnten, wird die Zukunft der Kirchenmusik als Sing-Gelegenheit und als missionarische Gelegenheit von einer praxisorientierten Aus- und Fortbildung sowie von vielen »professionell« ausgebildeten Persönlichkeiten abhängen, die Menschen für das Singen, die darin erlebbare Gemeinschaft und den Glaubensausdruck begeistern können.

Ein Kommentar aus der Sicht einer bundesweiten Befragung von Gospelchören

Petra-Angela Ahrens

Ich soll nun die Studie »Singen im Gottesdienst« aus Sicht der Gospelbefragung[1] kommentieren. Ein nicht ganz leichtes Unterfangen, geht es doch bei jener um die Frage, welche Faktoren – ich zitiere – »zum Gelingen des Gemeindegesangs beitragen und durch welche Faktoren er möglicherweise beeinträchtigt wird«. Darüber könnten – so die Zielperspektive – Ansatzpunkte gefunden werden, um die Lust am Singen zu steigern und so den Gemeindegesang zu verbessern.

In der bundesweiten Gospelbefragung haben jedoch Menschen geantwortet, die ihre Lust am Singen – jedenfalls, wenn es um Gospel geht – schon über ihr Engagement in einem Chor dokumentieren. Und sie alle – das heißt tatsächlich 100 % – eint die »Freude am Singen« als wichtiges Motiv für ihre Mitwirkung.

Allerdings liegt offenbar genau darin auch eine Gemeinsamkeit mit den Befragten dieser Gottesdienststudie. Auch in dieser besonderen Stichprobe von Teilnehmern und Teilnehmerinnen in Adventsgottesdiensten singen die allermeisten – nämlich 91 % – gerne und das Singen ist ihnen ganz überwiegend auch wichtig (86 %). Ein Ergebnis, dass bei der Auswertung zunächst wohl für einige Überraschung gesorgt hat angesichts der allgemeinen Klage über den schlechten Gemeindegesang.

Fragt man nun analog zu einem Hauptanliegen der Gospelbefragung, wie sich die befragten Teilnehmer und Teilnehmerinnen der Adventsgottesdienste zusammensetzen, aus welchen Bevölkerungskreisen sie kom-

1. Ahrens, Petra-Angela: BeGeisterung durch Gospelsingen. Erste bundesweite Befragung von Gospelchören, Sozialwissenschaftliches Institut der Evangelischen Kirche in Deutschland, Hannover 2009.

men und welche kirchlichen Bezüge sie einbringen, scheint es mit den Gemeinsamkeiten dann aber weitgehend vorbei zu sein.

Um es kurz vorwegzuschicken – die Gospelbefragung soll hier ja nur eine Hintergrundfolie liefern – will ich Ihnen in Form eines stark verkürzenden Steckbriefes die Ergebnisse für die Gospelsänger und -sängerinnen nennen:

Sie sind im Durchschnitt 42 Jahre alt und damit weitaus jünger als die Teilnehmerinnen und Teilnehmer im kirchlichen Gemeindeleben. Ihr Altersdurchschnitt liegt sogar unter dem der Bevölkerung. Besonders stark ist die Gruppe der 40- bis 49-Jährigen vertreten. Der Frauenanteil ist mit 80 % noch etwas höher, als dies sonst bei Chören mit etwa 70 % der Fall ist[2] und der formale Bildungsstand fällt weit überdurchschnittlich aus. Die letzten beiden Aspekte hängen auch mit der guten Nachwuchssituation in Gospelchören zusammen. Denn das Singen und speziell das Singen im Chor ist unter Frauen und unter formal höher Gebildeten stärker verbreitet als bei anderen.[3] Gospelchöre sind überwiegend in evangelische Kirchengemeinden eingebunden, dabei gleichzeitig konfessionell gemischt zusammengesetzt, und sie treten am häufigsten in Gottesdiensten auf. Gleichwohl ist die kirchliche Bindung der Sänger nur wenig stärker als bei der Gesamtheit der Kirchenmitglieder. Und: 9 % sind konfessionslos. Etwa ein Drittel (34 %) rechnet sich zu den regelmäßigen Gottesdienstbesuchern.

Aber: Sie alle scheint die Begeisterung für das Gospelsingen zu einen. Der »Spaß in der Gruppe« und die »Gemeinschaft mit Gleichgesinnten« sind die Mitwirkungsmotive, die nach der »Freude am Singen« die größte Zustimmung erfahren. (96 %, 91 %).

Für die Befragten der Studie »Singen im Gottesdienst« formt sich ein Bild, das dem der kirchlich Engagierten aus kirchensoziologischen Repräsentativbefragungen weitgehend entspricht: Weit mehr als die Hälfte der Befragten (59 %) zählen zur Generation 50+, etwa 44 % sind mindestens 60 Jahre alt. Ihr Durchschnittsalter fällt mit 53 Jahren sogar noch etwas

---

2. Vgl. Allen, Heribert: Chorwesen in Deutschland. Statistik Entwicklung Bedeutung, Schriftenreihe des Verbandes Deutscher KonzertChöre, Nr. 6, hg. von der Arbeitsgemeinschaft Deutscher Chorverbände, Viersen 1995, 175.
3. http://www.chrismon.de/Umfrage_06_2007.pdf (Abfrage am 5. Februar 2010); Vgl. Deutscher Musikrat: Instrumentales und vokales Musizieren 2005 und 2000, zusammengestellt nach: Allensbacher Werbeträger Analyse 2000 und 2005, 2009 (http://www.miz.org/intern/uploads/statistik40.pdf, abgefragt am 5. Februar 2010).

höher aus als das der regelmäßigen Gottesdienstbesucher und der Teilnehmer am kirchlichen Leben (52 Jahre).[4] Auch die Geschlechterverteilung deckt sich mit der, die sich für die regelmäßigen Gottesdienstbesucher und im kirchlichen Gemeindeleben Engagierten findet: Frauen sind mit 64 % stärker vertreten als Männer. In Passung dazu besuchen denn auch 83 % der Befragten regelmäßig einen Gottesdienst.

Augenscheinlich haben wir es also bei diesen Teilnehmerinnen und Teilnehmern von Adventsgottesdiensten vornehmlich mit Zugehörigen der berühmten Kerngemeinde zu tun. Es ist klar und auch in dem Ergebnisbericht dargelegt, dass die Datenbasis dieser Studie nicht etwa als repräsentativ für die Teilnehmer an Adventsgottesdiensten betrachtet werden kann. Doch bin ich nicht so ganz davon überzeugt, dass dieses Ergebnisbild nur auf mangelnde Repräsentativität der Daten zurückzuführen ist. Denn auch die EKD-Statistik »über die Äußerungen des kirchlichen Lebens in den Gliedkirchen« für das Jahr 2007 lässt eine entsprechende Zuordnung der gezählten Teilnehmer an Adventsgottesdiensten bereits über einen Prozentwert anklingen: Im Durchschnitt der westlichen Gliedkirchen sind es nämlich ganze 4,9 % der Kirchenmitglieder, die sich an Gottesdiensten zum 1. Advent beteiligen. Dieser Wert fällt zwar höher aus als der für die so genannten Zählsonntage mit 3,8 %. Doch lässt sich schon über dieses Ergebnis vermuten, dass es vorwiegend die kirchlich Engagierten sind, die man hier trifft. Zum Vergleich: Zu Erntedank weist die Statistik für die westlichen Gliedkirchen 7,5 % der Kirchenmitglieder als Teilnehmer aus. Die Weihnachtsgottesdienste am Heiligen Abend erreichen sogar 33 % der Evangelischen.[5]

So könnte auch die Sangesfreude, die die Befragten dieser Studie miteinander teilen, mit dem gemeinsamen Erfahrungs- und Übungsfeld Gottesdienst zusammenhängen. Die Frage, ob die Lust am Singen als wichtiges Motiv für den Gottesdienstbesuch gelten kann, hat in der empirischen Kirchensoziologie allerdings bisher noch niemand gestellt! Immerhin hat jedoch die Gospelbefragung ermittelt, dass viele der Sänger und Sängerinnen angeben, durch das Gospelsingen häufiger als früher an Gottesdiensten teilzunehmen, und zwar unabhängig von den Auftritten ihres Chores.

---

4. Vgl. Huber, Wolfgang/Friedrich, Johannes/Steinacker, Peter (Hg.): Kirche in der Vielfalt der Lebensbezüge. Die vierte EKD-Erhebung über Kirchenmitgliedschaft, Gütersloh 2006. Eigene Berechnungen aus dem Datensatz.
5. Statistik über die Äußerungen des kirchlichen Lebens in den Gliedkirchen der EKD im Jahr 2007, Hannover, hg. vom Kirchenamt der EKD, Hannover 2009, 13.

Umgekehrt könnte auch der regelmäßige Besuch des Gottesdienstes die Lust am Singen fördern: Man lernt dadurch aktiv die Lieder kennen und schätzen. Und genau diese Aspekte, nämlich das Kennen und das Mögen der Lieder, stehen auch bei den Befragten der Gottesdienststudie in höchstem Kurs.

An dieser Stelle darf nun der Hinweis auf ein weiteres auffälliges Ergebnis der Studie nicht fehlen. Fast ein Viertel der Befragten antwortet auf die Frage nach der Rolle bei der Teilnahme am Gottesdienst: »als Chormitglied«. Man kann also davon ausgehen, dass diese Adventsgottesdienste häufiger musikalisch durch Chöre mitgestaltet wurden. Über die Frage nach den wahrgenommenen Gelegenheiten zum Singen kristallisiert sich dann heraus, dass sogar noch mehr der Befragten, nämlich 35 % überhaupt in einem Chor mitwirken. Zum Vergleich: Im Bevölkerungsdurchschnitt sind es ganze 6 %, die diese Angabe machen. Auch unter den Evangelischen liegt dieser Wert kaum höher.[6] Die harten Zahlen der EKD-Statistik konfrontieren einen gar mit 1,4 % der Evangelischen, die im Chor einer Kirchengemeinde singen – einschließlich der Kinderchöre.[7]

Streng genommen bedeutet dies natürlich, dass man mit den weiteren Ergebnissen der Studie höchst vorsichtig umgehen muss. Aus methodischer Sicht stellt ein solcher Bias generalisierende Schlussfolgerungen zum »Singen im Gottesdienst« in Frage.

Andererseits finde ich dieses Ergebnis auch einfach wunderbar. Denn auf der gegebenen breiten Datenbasis der Studie hätte man 1.637 Chormitglieder und damit eine Fallzahl, die viele Repräsentativumfragen gar nicht erreichen. Und diese Chormitglieder könnte man zum Beispiel mit den Gemeindegliedern vergleichen, die keine weitere Funktion im Gottesdienst übernommen haben und keine Chorerfahrung in ihre Antworten einfließen lassen. Finden sich zwischen diesen Befragtengruppen Unterschiede in der Sangesfreude, in der Einschätzung der Aspekte, die das Singen befördern bzw. behindern und – nicht zuletzt – bei den bevorzugten Gemeindegesängen und der subjektiven Bedeutung christlicher Lieder?

---

6. Vgl. Deutscher Musikrat, Musizieren (Anm. 3); Ahrens, Petra-Angela/Wegner, Gerhard: Hier ist nicht Jude noch Grieche, hier ist nicht Sklave noch Freier … Erkundungen der Affinität sozialer Milieus zu Kirche und Religion in der Evangelisch-lutherischen Landeskirche Hannovers, Hannover 2008, 51.
7. Eigene Berechnungen aus: Evangelische Kirche in Deutschland: Statistik über die Äußerungen des kirchlichen Lebens in der EKD in den Jahren 1980 bis 2005, 6 und 22.

Man könnte über diese Differenzierung auch Anhaltspunkte für einen entscheidenden Aspekt gewinnen, wenn es um das »Gelingen des Gemeindegesangs« geht: Denn Singen will geübt sein. Und daran hapert es oft, wenn es z. B. um Kasualgottesdienste geht, an denen die so genannten Kirchenfernen teilnehmen. Fehlende Übung macht es mitunter auch schwierig, neue bzw. fremde Lieder im Gottesdienst zu singen.

Wie unterscheiden sich aber nun jeweils die regelmäßigen Gottesdienstbesucher von denen, die bestenfalls gelegentlich in der Kirche anzutreffen sind? Letztere stellen zwar nur einen kleinen Anteil der Befragten, aber die Fallzahl dürfte zur Gegenüberstellung reichen, jedenfalls bei den Chormitgliedern.

Bei den Gemeindegliedern ohne jegliche weitere Funktion und ohne Chorerfahrung bin ich mir nicht ganz sicher: Wie viele bleiben dann eigentlich noch? Übrigens ist diese Frage keineswegs nur auf die Zusammensetzung der Teilnehmerinnen und Teilnehmer an der aktuellen Studie zu begrenzen. Nach allem, was aus empirischen Untersuchungen bekannt ist, muss sie – weitergehend – auch als Frage danach verstanden werden, für wen Gottesdienste überhaupt zumeist gestaltet werden. Nicht umsonst richten sich inzwischen ja viele Bemühungen darauf aus, die »Kirchenfernen« mit besonderen Angeboten zu erreichen.

Schließlich interessiert mich noch ein ganz anderer Aspekt, der vielleicht dabei helfen könnte, immer noch schwer verrückbare Zuschreibungen aufzubrechen, wenn in der Kirche die klassische gegen die Popularmusik gesetzt wird – oder auch umgekehrt.

Die eher jungen und weit überdurchschnittlich gebildeten Gospelsänger bevorzugen unter verschiedenen Musikrichtungen – wen wundert es? – die Genres Pop, Musical und Rock. Und sie stehen insbesondere der Volksmusik, dem Schlager und der Technomusik, aber auch der Oper überwiegend ablehnend gegenüber. In der Kombination dieser Ergebnisse lassen sie sich also aus milieutheoretischer Perspektive – hier nach Gerhard Schulze[8] – vor allem dem Selbstverwirklichungsmilieu zuordnen, das neben dem kulturellen Interesse durch das Spannungsschema, also Actionorientierung gekennzeichnet ist.

Aus den Angaben im Ergebnisbericht der Studie »Singen im Gottesdienst« lässt sich schließen, dass unter den Chormitgliedern, wie in der

---

8. Schulze, Gerhard: Die Erlebnisgesellschaft. Kultursoziologie der der Gegenwart. Frankfurt am Main 1993.

Gesamtheit der Befragten auch, die Älteren überproportional vertreten sind. Ich spekuliere nun, dass es gerade die Chormitglieder sind, die zu dem überdurchschnittlichen formalen Bildungsstand der Befragten beitragen. Es ist ja hinlänglich bekannt, dass der aktive Umgang mit Musik eher eine Sache der höher Gebildeten ist. Nicht umsonst hat sich hierzu eine eigene bildungspolitische Debatte entfaltet. Und die wenigen Bevölkerungsumfragen, in denen das Singen überhaupt vorkommt (Chrismon 2007, Allensbacher Werbeträger Analyse) bestätigen – ich erwähnte es bereits –, dass formal höher Gebildete auch weitaus eher in einem Chor mitsingen als andere. Bezieht man nun noch die mit großem Abstand zu den anderen Genres favorisierte klassische Musik mit ein, ist die Schlussfolgerung klar: Die Chormitglieder in dieser Befragung müssen überwiegend zum älteren und formal höher gebildeten Niveaumilieu gehören, das sich, eher konservativ, dem Hochkulturschema verpflichtet weiß und größtmögliche Distanz zu allem – vermeintlich – allzu Populären bzw. Trivialen hält.

Aber landet bei ihnen das populäre »Danke-Lied« oder »Kumbaya my Lord« oder »Go, tell it on the Mountain« unter den gern gesungenen Gottesdienstliedern tatsächlich auf dem letzten Platz?

Neuere Milieustudien lassen erkennen, dass sich die alten Gegenüberstellungen von klassischer E-Musik und moderner U-Musik in den höher gebildeten Milieus auflösen werden.[9] In der Gospelbefragung habe ich Anhaltspunkte dafür gefunden, dass sich auch Klassik- und sogar Opernliebhaber zunehmend für das Singen der Popularmusik »Gospel« begeistern lassen.

Sollte sich herausstellen, dass sich auch in der Studie »Singen im Gottesdienst« die Vertreter des Niveaumilieus für populäre U-Musik und entsprechende Lieder im Gottesdienst erwärmen können, lässt sich das als Chance begreifen, die bisherigen Milieubegrenzungen im kirchlichen Raum zu überschreiten.

---

9. Vgl. den Überblick bei Otte, Gunnar: Lebensstil und Musikgeschmack, in: Musikrezeption, Musidistribution und Musikreproduktion. Der Wandel des Wertschöpfungsnetzwerks in der Musikwirtschaft, hg. von Gerhard Gensch, Eva Maria Stöckler und Peter Tschmuck, Wiesbaden 2008, 25–56.

»Wenn denn keiner mitsingen kann, das bringt auch nichts!« – Die Rolle des Singens im (Kasual-)Gottesdienst

Stephan A. Reinke

Totgesagte leben länger – so ließe sich ein wesentliches (vielleicht sogar *das* wesentliche) Ergebnis der Paderborner Studie wohl treffend pointieren. Oder etwas weniger pathetisch formuliert: dem gottesdienstlichen Singen scheint es besser zu gehen als wir gemeinhin glauben. Zu den allerorten angestimmten Klagen über den – vornehmlich auf Lustlosigkeit oder Unkenntnis der Gottesdienstteilnehmerinnen und -teilnehmer basierenden– Niedergang des Singens im Gottesdienst (oder allgemein: in kirchlichen Kontexten) setzen die Ergebnisse dieser Umfrage einen deutlichen Kontrapunkt. Um Einwänden vorzubeugen: dass diese Ergebnisse nicht repräsentativ sind, spielt allenfalls eine untergeordnete Rolle. Interessante Schlussfolgerungen lassen sie allemal zu. Zumindest Tendenzen (vielleicht sogar aber auch mehr) lassen sich aus ihnen ablesen.

Hierfür ist es letztlich belanglos (auch wenn dies im Hinterkopf bei allem Nachfolgenden bleiben und die erfreulichen Ergebnisse nicht vorschnell allzu positiv gewertet und dadurch der Blick auf etwaige gegenwärtige oder zukünftig vielleicht zu erwartende Krisenerscheinungen vernebeln werden sollte), ob die ausgesprochen niedrige Anzahl Befragter, die »nie« oder »fast nie« im Gottesdienst mitsingen (zusammengenommen immerhin deutlich weniger als 10 %), letztlich vor allem auf eine spezifische Zusammensetzung der Stichprobe oder einen besonderen Termin der Erhebung zurückzuführen ist. Zwar mag dies durchaus der Fall sein, es bedeutet aber auch: in unseren Gottesdiensten treffen (zumindest an bestimmten Sonntagen, die womöglich Vorbild für Nachahmung an anderen Sonntagen sein könnten, und in bestimmten, nicht gerade wenigen Gemeinden) vergleichsweise viele Singbegeisterte auf eine vergleichsweise kleine Zahl von Singmuffeln. Der durch manche Beschreibungen an an-

derer Stelle erweckte Eindruck, dass viele der im Gottesdienst Versammelten noch nicht einmal mehr ihr Gesangbuch aufschlagen würden, wenn
es ans Singen geht, ist also – wenn dies denn überhaupt je ein quantitativ
relevantes Verhaltensmuster war – zumindest partiell zu revidieren –
ebenso wie manch weniger drastische Schilderung eines vermeintlich weit
verbreiteten Nicht-Gesangs. Die Bereitschaft zum Singen scheint insgesamt groß zu sein (weitaus größer zumindest als es dem subjektiven Eindruck von uns Professionellen zuweilen entspricht).

Natürlich ist dies relativ, durchaus einzelfallabhängig und daher nur bedingt verallgemeinerbar. Immer wird es auch die Totalverweigerer geben,
die den als solchen empfundenen Zwang zum Singen als eine Zumutung
betrachten, die sich nicht der vermeintlichen Nötigung zum Singen – die es
in manchen Fällen zumindest implizit tatsächlich geben kann – beugen
wollen und sich durch ein verordnetes Singen in ihrer Individualität diskre-
ditiert wähnen; genauso aber diejenigen, die eisern alles mitsingen, was das
Gesangbuch hergibt. Dazwischen allerdings befindet sich die (vermutlich
recht große und auch durch die Paderborner Studie allenfalls partiell abge-
bildete) Gruppe derjenigen, die wohl (eigentlich) zwar singen wollen, dies
aber nicht zu können glauben oder – auch das soll es geben – wirklich nicht
können und es dementsprechend (mehr oder weniger oft) auch nicht tun.

Nichtkenntnis eines Liedes und fehlende emotionale Ansprache (also:
Nichtmögen) sind lauter Paderborner Studie die entscheidenden Faktoren,
die das gottesdienstliche Singen selbst bei denjenigen, die mit ihrer Stimme
einigermaßen zufrieden sind und sich eine gewisse Singkompetenz zu-
schreiben, behindern. Eine positive Einstellung zu einem Lied und eine
Kenntnis des Liedes wiederum sind die wichtigsten Faktoren, die das Singen fördern. Es ist dementsprechend nicht schwer, sich eine durchaus nicht
kleine Gruppe (auch potentieller Gottesdienstteilnehmerinnen und -teil-
nehmer) vorzustellen, bei denen dies zu einer Nichtbeteiligung am gottesdienstlichen Gesang führt. Die Nichtbereitschaft zum Gesang kann dem-
gemäß unterschiedliche Ursachen haben. Zuweilen dürfte es sich um
bloße Unkenntnis des Liedrepertoires handeln, mithin um die Sorge, sich
als Unwissender bloßstellen oder als dilettierender Sänger blamieren zu
müssen. Diese Sorge wird zudem verstärkt durch die mit dem zunehmen-
den Bedeutungsverlust des Singens einhergehende mangelnde Übung und
Vertrautheit mit der eigenen Stimme und dem Singen insgesamt. Dieses
ist für viele schlichtweg eine Sonderbarkeit, fast schon eine regelrechte
Verhaltensanomalie. Darüber hinaus glauben viele, gemessen an vielen

öffentlich präsenten Stimmen und deren Perfektionsgrad (ob technisch aufgemotzt oder nicht) ihren vermeintlich kläglichen Gesang den Mitmenschen nicht zumuten zu können. Schon bei den singbegeisterten (und mehrheitlich wohl sogar dem Milieu der Hochverbundenen zugehörigen) Befragten der Paderborner Studie – zu einem nicht geringen Anteil zudem Chormitglieder – ist eine Tendenz abzulesen, dass die Singbereitschaft latent ausgeprägter ist als die (sich selbst subjektiv zugestandenen oder auch objektiv vorhandenen) Singressourcen. Um wie viel größer wird dieses Dilemma also bei denjenigen Menschen ausgeprägt sein, die Gottesdienste selten und wenn, dann zu besonderen Anlässen aufsuchen? Der eine wie die andere werden Schamgefühle entwickeln mit der schlichten Konsequenz: der oder die Betreffende bleibt lieber stumm und zieht sich in die (vertraute) Rolle des Rezipienten zurück. Auf der anderen Seite kann eine ästhetische Entfremdung zu dem im Gottesdienst gepflegten Liedrepertoire eine Unlust am Singen provozieren.

Fehlende Repertoirekenntnis und eine recht stark ausgeprägte Entfremdung von vielen gottesdienstlichen Liedern lässt sich nicht nur bei den – von der Paderborner Studie wohl kaum eingefangenen – Kirchendistanzierten ausmachen. Schon 1955 – zu einem Zeitpunkt also, als man noch mit Fug und Recht von einer Volkskirche sprechen konnte – hat Friedrich Buchholz die Frage aufgeworfen, »ob die Gattung ›Kirchenlied‹ [...] wirklich noch spontan aus dem Menschen hervorbricht«, ob es heute noch [ist], was es einmal war, nämlich echte und verständliche Öffentlichkeitsäußerung der Gemeinde?«[1]

Ob man dies in einer solchen Schärfe mitfragen möchte, wie auch immer man zum (traditionellen) Kirchenlied und dessen Liturgietauglichkeit steht, die Notwendigkeit, neue Pfade auf dem Bereich des Liedrepertoires zu beschreiten, lässt sich aus den Ergebnissen der Paderborner Studie zwingend ablesen. Ein mit abnehmendem Alter wachsendes Bedürfnis nach Liedern jenseits des »Chorals« wird über kurz oder lang zu einer recht umfassenden Neugestaltung des gottesdienstlichen Liedrepertoires führen müssen, wenn man das Singen nicht nachhaltig behindert möchte.

Noch ist dies – auch aufgrund der Altersstruktur in vielen unserer Gottesdienste – freilich nicht nötig. Dass das gottesdienstliche Singen im Mi-

---

1. Buchholz, Friedrich: Gedanken zur Aufgabe der Liturgie. Anläßlich des Agendenentwurfes für die Evangelische Kirche der Union, in: Monatsschrift für Pastoraltheologie 44 (1955), 495–507, 497.

lieu der Kerngemeinde nicht ernstlich gefährdet ist, dürfte (noch?) offensichtlich sein. Da sich eben diese Kerngemeinden aber in einem steten
Prozess der Erosion befinden, ist sicherlich ein Blick auf diejenigen sinnvoll, die sich mehr und mehr aus den regelmäßigen kirchlichen Vollzügen
lösen. Die Christen in der Halbdistanz etwa, oder auch die Kirchenfernen.
Wie steht es mit dem Singen in diesen Gruppen?

Singen im Kasualottesdienst2

Im Gegensatz zum (traditionellen) Sonntagsgottesdienst, der ein relativ
eng umrissenes soziales und kirchliches Milieu in die Kirchen führt, sprechen Kasualien (zu welchem Anlass auch immer) sehr viel weitere Kreise
der Bevölkerung an.[3] Vieles spricht dafür, sie gerade in dieser Hinsicht als
eine Art Indikator für zukünftige Entwicklungen der Kirche in ihrer Gesamtheit zu verstehen.[4] Traditionsabbrüche und eine fehlende Selbstverständlichkeit im Umgang mit kirchlichen Vollzügen sind in Kasualgemein-
den sehr viel stärker auszumachen als in der Sonntagsgemeinde mit
halbwegs regelmäßigen Gottesdienstteilnehmerinnen und -teilnehmern.
Modernisierungsbestrebungen halten in sie schneller und umfassender
Einzug. Gleichzeitig sind gerade die Kasualgottesdienste Orte der Begegnung sehr unterschiedlicher Milieus, die jeweils sehr unterschiedliche
Haltungen auch zum Singen (und zur Musik im Allgemeinen) kultivieren:
die typisch protestantische Hochschätzung des Singens trifft in diesem
Kontext nur allzu leicht auf eine zumindest skeptische Haltung gegenüber
einem als vermeintlich veraltet erachteten Ritual.[5]

Seit Anfang der 1970er Jahre sind in Anlehnung an Joachim Matthes
Forderung nach einer »Verknüpfung der verschiedenen an der einzelnen

---

2. Die nachfolgenden Ausführungen stützen sich auf meine ausführlichen Überlegungen zu dem
   Thema in: Reinke, Stephan A.: Musik im Kasualgottesdienst. Funktion und Bedeutung am Beispiel von Trauung und Bestattung, Göttingen 2010.
3. Es soll an dieser Stelle keine Diskussion des ausgesprochen vielfältigen Kasualbegriffs erfolgen.
   Zunächst sollen unter der Bezeichnung »Kasualie« all diejenigen Gottesdienste geführt werden,
   die nicht als traditioneller Sonntagsgottesdienst verstanden werden können. Im späteren Verlauf
   der Darstellung erfolgt eine Konzentration auf Trauung und Bestattung.
4. In diesem Sinne bezeichnet sie das EKD-Impulspapier »Kirche der Freiheit« als »so etwas wie
   den Lackmustext dafür, wie es um die evangelische Kirche heute steht« (Kirche der Freiheit.
   Perspektiven für die Evangelische Kirche im 21. Jahrhundert. Ein Impulspapier des Rates der
   EKD, hg. vom Kirchenamt der EKD, Hannover 2006, 23).
5. Vgl. Reinke: Musik im Kasualgottesdienst, 209ff. (Anm. 2).

Amtshandlungspraxis beteiligten Lebenswirklichkeiten«[6] neben unterschiedlichsten Aspekten des Sonntagsgottesdienstes auch einzelne Bestandteile der Kasualien Gegenstand soziologischer Untersuchungen gewesen.[7] Und auch die Praktische Theologie befasst sich seit mindestens zwei Jahrzehnten intensiv mit den Potentialen und Problemen, die eine solche Konfrontation ganz unterschiedlicher Lebenswelten (mit ganz unterschiedlichen Frömmigkeitskulturen und theologischen Einsichten bzw. Erwartungen) mit sich bringt.

Doch ebenso wie den größeren kasualtheoretischen Entwürfen ein mehr oder weniger großer blinder Fleck in Bezug auf die musikalischen Bestandteile der Kasualien, deren Bedeutung und Funktionen gemeinsam ist, so fragen auch die kirchensoziologischen Erhebungen der Vergangenheit kaum oder gar nicht nach den musikalischen Seiten eines Kasualgottesdienstes, nach den Erwartungshaltungen, Wünschen und Vorstellungen »der Leute«, deren Berücksichtigung zweifelsohne nötig ist, um die der Musik zugeschriebenen Potenziale voll zur Geltung bringen zu können.[8]

Beschäftigt man sich mit Fragen der musikalischen Gestaltung im Kasualkontext ist es nötig, die Argumentation nicht allein auf eigene Erfahrungen oder gleichsam anekdotische Überlieferungen (besonders exaltierter Vorstellungen auf Seiten der »Kasualbegehrenden«[9]) zu stützen. Aus

---

6. Matthes, Joachim: Volkskirchliche Amtshandlungen, Lebenszyklus und Lebensgeschichte. Überlegungen zur Struktur volkskirchlicher Teilnahmeverhältnisse, in: Erneuerung der Kirche – Stabilität als Chance?, hg. von Joachim Matthes, Geinhausen/Berlin 1975, 83–112, 101.

7. Vgl. u. a. das Vorwort dieses Bandes.

8. Um eine wirkungsvolle Kasualmusik zu entwickeln ist allerdings die Berücksichtigung der (musikalischen) Vorstellungen aller an einer Kasualie Beteiligten nötig. Die Musik im Kasualgottesdienst ist kein fest umrissenes Genre, sondern vielmehr das Ergebnis vielfältiger Diskussions- und Aushandlungsprozesse innerhalb eines spezifischen sozio-kulturellen Kontexts (vgl. hierzu Reinke, Musik im Kasualgottesdienst, 25ff. (Anm. 2). Im Folgenden konzentriere ich mich in der Wiedergabe auf die Position der »Kasualbegehrenden«. Während die kirchenoffizielle Sicht ebenso wie die unterschiedlichen theologischen Positionen aus unterschiedlichen Veröffentlichungen und Verlautbarungen einigermaßen genau abzulesen ist, fehlt eine gesicherte Datengrundlage für die »Kasualbegehrenden« fast vollständig. Gleichwohl wäre sicherlich auch eine empirische Untersuchung der Positionen innerhalb der ausübenden Theologenschaft sinnvoll, die keineswegs zwangsläufig mit mehr oder weniger offiziellen Stellungnahmen übereinstimmen müssen..

9. In Ermangelung einer geeigneteren Alternative verwende ich im Folgenden den innerhalb der Praktischen Theologie gebräuchlichen Begriff des/der »Kasualbegehrenden« für diejenigen Menschen, die für sich oder einen Angehörigen einen Kasualgottesdienst wünschen. Das implizite Machtgefälle, das eine solche Begrifflichkeit suggeriert – ein Mensch tritt an die Kirche heran und äußert ein Begehren, dem stattgegeben werden kann oder auch nicht –, sei dabei

diesen verallgemeinerbare Schlüsse ziehen zu wollen, verbietet die wissenschaftliche Redlichkeit. Eine intensivere Erforschung der musikalischen Erwartungshaltungen und Vorstellungen der unterschiedlichen an einer Kasualie Beteiligten ist daher nötig.

Einen ersten Schritt in diese Richtung habe ich in einer wissenschaftlichen Studie für die Evangelische Kirche in Deutschland in Zusammenarbeit mit dem Sozialwissenschaftlichen Institut der EKD und der e-mares Innovationsforschung im Sommer/Herbst 2008 durchgeführt. Ziel der Untersuchung war es, Aufschluss über die musikalischen Erwartungshaltungen der an einer Kasualie Beteiligten zu gewinnen. Konzentriert habe ich mich zunächst auf den Bereich der »klassischen Kasualien« und hier wiederum speziell auf Trauung und Bestattung – diejenigen Kasualien also, die auf Seiten der Kasualbegehrenden als vornehmlich persönlich wahrgenommene Gottesdienste und weniger als bloß religiöse Anlässe verstanden werden und in diesem Sinne sehr viel stärker Wünschen nach Individualisierung ausgesetzt sind.

Ein Blick auf die ästhetischen Gestaltungskriterien der sich am Markt behauptenden kirchlichen Konkurrenz sollte die musikalischen Wünsche und Bedürfnisse zusätzlich erhellen. Ausgehend von der Vermutung, dass die nichtsakralen Kasualangebote ihre Attraktivität nicht zuletzt aus einer größeren Flexibilität des musikalischen Angebots sowie einer stärkeren Berücksichtigung der vorgebrachten Wünsche ziehen, wird eine Berücksichtigung dieser Sichtweise sicherlich auch die Attraktivität der Kasualien.

Erhebungsmethode, Arbeitshypothesen und Untersuchungsdurchführung

Insgesamt wurden fokussierte Interviews mit den Vertretern der folgenden Gruppen auf Basis eines Interviewleitfadens durchgeführt:

– Kirchliche Verantwortliche (Pfarrer, Kirchenmusiker)
– Freie Ritualbegleiter

---

ausdrücklich ausgeschlossen. Vielmehr sei darauf hingewiesen, dass sinnvolle Gespräche über die Kasualmusik nur dann möglich sind, wenn eine grundsätzliche Gleichberechtigung aller Positionen gewährleistet ist. Ein Diskurs über die Kasualmusik sollte stets herrschaftsfrei und ohne hierarchische Gefälle stattfinden.

- Brautpaare (Hochzeit innerhalb der letzten 12 Monate)
- Trauzeugen (Hochzeit innerhalb der letzten 12 Monate)
- trauernde Angehörige mittleres bis hohes Bildungsniveau (30–50 Jahre, Bestattung eines Elternteils innerhalb der letzten 12 Monate)
- trauernde Angehörige niedriges Bildungsniveau (30–50 Jahre, Bestattung eines Elternteils innerhalb der letzten 12 Monate)
- Bestatter

Die Teilnehmerinnen und Teilnehmer wurden entsprechend den definierten Rahmenkriterien über unterschiedliche Quellen (z. B. Internetrecherche, Zeitungsinserate, Adressregister der Landeskirche, Kontakter) durch ein professionelles Meinungsforschungsinstitut im Raum Hannover rekrutiert.

Grundsätzlich war die Berücksichtigung sowohl der professionellen Sichtweise der Kirchenmusikerinnen und Pfarrer als auch die Perspektive von persönlich Betroffenen angestrebt, um zu vermutende Erwartungsdiskrepanzen – auch im Hinblick auf die kirchenoffiziell-agendarisch formulierten Grundvorstellungen – klar benennen und gegebenenfalls korrigieren zu können. Darüber hinaus sollte die Sichtweise freier Ritualbegleiter[10] untersucht werden, um vor allem den unterschiedlichen Umgang mit Musikwünschen zu erhellen. Orientieren sich letztere – so eine Arbeitshypothese – wohl vor allem an den Gesetzmäßigkeiten des Marktes, bleiben in kirchlichen Zusammenhängen immer auch liturgische und theologische Aspekte zu berücksichtigen, die auf die Attraktivität des Angebots direkten Einfluss nehmen.

Die Interviews mit den Pfarrerinnen und Kirchenmusikern sowie den freien Ritualbegleitern bezogen sich ausdrücklich auf beide Kasualien bzw. ihre säkularen Pendants. Die weiteren Gruppen widmeten sich ausschließlich einer Kasualie. Die Unterscheidung in »Brautpaare« und »Trauzeugen« folgte der Überlegung, dass letztere als ein möglicherweise notwendiges Korrektiv für verklärende Beschreibungen der Brautpaare nötig sein könnten. Zugleich sind sie als enge Freunde oder Verwandte der Brautpaare jedoch innerlich noch stark genug beteiligt, um die Wirkung der Musik

---

10. Als freie Ritualbegleiter sind im Folgenden diejenigen Personen gemeint, die nicht allein die Ansprache auf »weltlichen« Bestattungen und Hochzeitszeremonien halten, sondern in Absprache mit den Betroffenen die Gesamtverantwortung für die Gestaltung der Feier übernehmen.

auf diese (und sich selbst) auch in emotionaler Hinsicht beschreiben zu können.

Da Unterschiede in Musikgeschmack und -nutzungsverhalten in hohem Maße von sozialen Parametern abhängen, erschien es sinnvoll, auch diesem Aspekt in der Studie nachzugehen. Zu diesem Zweck wurden zwei Gruppen unterschiedlichen Bildungsgrades für die Interviews zur Bestattung eingeladen. Die Konzentration auf die Bestattung eines Elternteils erfolgte aus der Überlegung heraus, ein ausgewogenes Verhältnis zwischen Distanz und Nähe zu dem Todesfall herstellen zu können. Kinder haben im Normalfall einen unmittelbaren Einfluss auf die musikalische Gestaltung der Bestattung ihrer Eltern. Dies gilt zwar auch im Falle des Todes eines Kindes oder des Ehepartners, doch dürfte in diesem Fall die Art der Betroffenheit eine grundsätzlich geringere Gesprächsbereitschaft nach sich ziehen. Der 12-Monats-Zeitraum erklärt sich aus dem Wunsch, die zu schildernden Eindrücke noch aus einer relativ frischen Erinnerung heraus geschildert zu bekommen. Gleichzeitig gewährleistet eine zeitlich einheitliche Bezugsgröße einen ähnlichen kulturellen Kontext der Kasualfeier.

Im Laufe der Untersuchung haben sich erhebliche Schwierigkeiten bei der Rekrutierung von Angehörigen niedriger Bildungsniveaus ergeben. Die erwarteten Unterschiede in Bezug auf musikalische Vorstellungen ließen sich durch das gewonnene Interviewmaterial nicht bestätigen. Da zudem ein maßgeblicher Einfluss der Bestatter auf die (musikalische) Gestaltung der Feier erkennbar war, bot sich die Befragung einer weiteren Gruppe an. Diese sollte zum einen dazu dienen, die Rolle dieses Berufsstandes genauer zu beleuchten, zum anderen dazu, weitere Aufschlüsse über mögliche auf Herkunft und Milieu basierende Unterschiede bei der Musikauswahl zu benennen. Da Bestatter ihrer Tätigkeit in unterschiedlichen sozialen Schichten nachgehen, dürften diese über einen ausreichend weiten Erfahrungshorizont verfügen, um ihre Eindrücke als erkenntnisfördernd zu erachten.

Die Interviews wurden anhand eines Leitfades durchgeführt, der in jeweiliger Hinsicht auf die Gruppe leicht modifiziert wurde. Insgesamt standen folgende Fragen im Mittelpunkt des Erkenntnisinteresses:

– Welche Bedeutung hat die Musik innerhalb der Kasualie?
– Wie entscheidend ist eine gelungene Auswahl für die Zufriedenheit mit der Kasualie?

- Nach welchen Kriterien erfolgt die Musikauswahl?
- Wo liegen die Grenzen der einsetzbaren Musik?
- Wie können diese Grenzen plausibel kommuniziert werden?
- Welche Rolle spielt das gemeinsame Singen?
- Wie groß ist die Bedeutung der Orgel?
- Wie stark muss der christliche Bezug der Musik ausgeprägt sein?
- Wie sollte mit den individuellen Musikwünschen umgegangen werden?
- In welcher Form sollte die Musik dargeboten werden?
- Wie stark ist die Einbindung der Musik in den dramaturgischen Gesamtverlauf?

Die Gruppendiskussionen fanden im Zeitraum zwischen dem 26. Mai und dem 19. Juni 2008 in Hannover statt. Das Interview mit den Bestattern wurde im Dezember 2008 durchgeführt. Alle Diskussionen wurden per Tonband- und Videoaufzeichnung dokumentiert und schließlich im vollständigen Wortlaut transkribiert.[11]

Aussagekraft der Ergebnisse und Einbettung in die Theoriebildung

Eine Repräsentativität können die gewonnenen Ergebnisse aufgrund des explorativ-qualitativen Untersuchungsansatzes und der regionalen Begrenzung auf den Raum Hannover nicht beanspruchen. Es lässt sich aus ihnen nicht auf eine gegebene (bisher nicht näher bestimmte) Gesamtheit schließen. Dennoch aber lässt die Studie wichtige Einblicke zu. Sie sondiert das Terrain, stellt eine Pilotstudie dar, die den Hintergrund für weitere – auch quantitative – Untersuchungen bilden kann. Im Bezug auf die Empirie der Kasualmusik stehen wir an einem Anfang. Die dargestellte Studie leistet in diesem Sinne Pionierarbeit. Dennoch lassen sich trotz mancher Einschränkungen aus den Befragungen erste begründete Ergebnisse ableiten, die dem kasualtheoretischen Diskurs wichtige neue Aspekte hinzufügen. Auch wenn diese nicht dahingehend belastbar sind, dass von ihnen ein Anspruch auf Verallgemeinerbarkeit abgeleitet werden kann, regen sie zur

---

11. Auf einen Nachweis der im Folgenden kursiv gesetzten Zitate aus den Interviews wird in diesem Zusammenhang aufgrund einer besseren Lesbarkeit verzichtet. Die Transkripte finden sich in der Bibliothek des Kirchenamtes der EKD, Herrenhäuser Straße 12, 30419 Hannover.

Thesenbildung an. Dass diese Thesen wiederum die Grundlage zukünftiger Diskussionen bilden, bleibt an dieser Stelle zu hoffen.

Im Rahmen meines Gesamtprojektes, das letztlich auf die Entwicklung einer Theorie der Kasualmusik zielte, waren die Ergebnisse nicht allein als empirischer Befund von Interesse, sondern dienten im Sinne eines Ansatzes der »empirisch begründeten Theoriebildung« eben genau zur Formulierung einer solchen Theorie. Hierfür ist Repräsentativität nicht nötig, vielmehr sichert die Einbeziehung empirischer Daten in die Theoriebildung diese gleichsam ab. Die empirische begründete Theoriebildung will also nicht im Sinne einer nomologisch-deduktiven Vorgehensweise Hypothesen überprüfen, sondern im empirischen Prozess eine Theorie begründen, um durch diese zu verstehen wie ein kulturelles System – als das ich auch die Kasualmusik verstehe – funktioniert. Qualitative Forschung ist in diesem Sinne nicht als eine bloße Vorbereitung quantitativer Untersuchungen zu verstehen, die letztlich die »eigentlichen«, wissenschaftlich zuverlässigen und nachprüfbaren Ergebnisse mit sich bringt.

Im Rahmen meiner Forschungsarbeit folge ich einem modifizierte Ansatz der in den 1960er Jahren von den amerikanischen Sozialwissenschaftlern Barney Glaser und Anselm Strauss begründeten »Grounded Theory«. Diese beruht auf der Einbeziehung empirischer Daten, die in ein zu beschreibendes System bisher nicht berücksichtigte Einflussfaktoren bieten sollen. Diese werden in einem zweiten Schritt mit relevanten Teilausschnitten verschiedener Disziplinen zusammengeführt – darunter Praktische Theologie und Kasualtheorie, Musikwissenschaft, Musikpsychologie und -soziologie sowie der Kirchenmusik allgemein –, so dass auf diese Weise ein Ansatz entstehen kann, der der Vielgestalt des Gegenstandes »Kasualmusik« gerecht zu werden vermag.[12]

Einige Ergebnisse

In den Gruppeninterviews habe ich versucht, einen Eindruck zu gewinnen, was »die« Leute (oder zumindest einige, in meinen Augen jedoch durchaus

---

12. Die empirische Basis hat in diesem Zusammenhang weder repräsentativ noch allzu groß zu sein, da der empirische Forschungsschritt lediglich Hinweise geben soll, die im weiteren Forschungsprozess eine Kontextualisierung und Berücksichtigung erfahren. Zur weiteren methodischen Einordnung der Studie und für Hinweise zur Literatur, die die hier angesprochenen Gedanken vertieft, vgl. Reinke, Musik im Kasualgottesdienst.

typische) Leute zur Musik im Kasualgottesdienst zu sagen haben. Naturgemäß war auch das Singen ein Gegenstand dieser Gespräche und viele
meiner Ergebnisse stärken oder erweitern die Ergebnisse der Paderborner
Studie in vielfacher Hinsicht.

Wenn denn keiner mitsingen kann, das bringt auch nichts! – ein einfacher
Satz, der lapidar bis banal klingt, allerdings bei näherer Betrachtung durchaus als Quintessenz der in den Interviews ausgedrückten Haltungen gelten
kann und wiedergibt, was zuweilen komplizierter und verklausulierter formuliert wird, letztlich aber doch Tenor fast sämtlicher Aussagen zum Singen im Kasualgottesdienst ist.

Deutlich wird: das Singen wird nicht zur Disposition gestellt, ihm wird –
wenn es denn bestimmte Bedingungen erfüllt – ein Sinn und Zweck zu-
geschrieben. Zumindest als Ritual hat das Singen hohe Bedeutung, ist aber
letztlich mehr und erfüllt eine Reihe weiterer Funktionen. In der Trauung
freilich andere als in der Bestattung.

Für die Brautpaare ist das Singen Teil des gemeinsam erlebten Trauer-
ereignisses, es schafft Gemeinschaft – sowohl in Bezug auf alle zur Feier
Versammelten, mit denen sich durch das Singen ein *Gefühl der Verbunden-
heit* einstellt, als auch des Paares unter sich:

*Was ich halt auch ganz rührend fand, dass mein unmusikalischer Mann
dann tatsächlich mitgesungen hat, und das war dann irgendwie auch sowas, wo
ich dann gedacht habe: Das ist dieses Zeichen, man gehört zusammen. Und [...]
das fand ich dann ganz toll.*

Die trauernden Angehörigen, die sich selbst zwar meist nicht in der
Lage zum Singen sehen, erleben das Singen der anderen gleichwohl als
eine wohltuende Stütze durch die Gemeinde und eine Begleitung in ihrer
Trauer:

*Ich hatte so das Gefühl, da kommt eine unterstützende Welle von hinten, eben
[...] wenn dieser Gesang einsetzt. [...]. Und das hilft meines Erachtens dann auch
wieder bei der Verarbeitung der Trauer. Ja, wenn man merkt, du bist nicht der
einzige, der sich für diesen Menschen interessiert hat.*

Gerade die Brautpaare erhoffen sich einen intensiven Gemeindegesang:

*Wenn man so ein Lied aussucht, was keiner mitsingt. Find ich ganz furchtbar
dann [....]. Dann fühlt man sich so, als wenn man eine Party hat und keiner
möchte tanzen oder so.*

Insofern wird bereits das Bemühen der anwesenden Gäste anerkennend
wahrgenommen:

Und im Nachhinein hab ich dann gedacht: Mein Gott, die müssen uns wirklich gerne mögen, denn sie bemühen sich wirklich sehr mitzusingen.

Auch wenn mit zunehmender Distanz zur Institution Kirche eine Abnahme der Akzeptanz des Singens zu erkennen ist, so wird das Singen generell doch positiv (bis neutral) bewertet: nicht jeder hätte singen müssen, aber wirklich gestört hat es auch niemanden. Eine Einschränkung jedoch ist zu machen: ganz eindeutig ist zu erkennen, dass das Singen nur dann ein positives Echo hervorruft, wenn es zu einem klanglich befriedigenden Ergebnis führt, wenn also möglichst viele Anwesende in der Lage sind, sich am gemeinsamen (!) Gesang zu beteiligen. Dies führt relativ schnell dazu, dass das Singen zur Disposition gestellt wird (vielleicht weil die emotionale Bindung zu ihm doch weniger ausgeprägt ist, wahrscheinlich aber – und einen solchen Schluss lässt ja auch die Paderborner Studie zu – weil Singen nur dann positiv empfunden wird, wenn die Singressourcen möglichst weniger Menschen über Gebühr belastet werden). Gerade wenn viele Menschen zugegen sind, die mit dem Singen von Kirchenliedern im Allgemeinen und dem zu singenden Repertoire im Speziellen nicht vertraut sind, ist Letzteres durchaus nicht unwahrscheinlich.

Festzustellen bleibt also: das Singen ist für die Befragten zwar ein durchaus wichtiger, aber eben doch kein konstitutiver Bestandteil des Kasualgottesdienstes. (In diesen Zusammenhang passt auch, dass die Lieder gemeinhin nicht als religiöse Bekenntnisakte gewertet werden, sondern – und dies muss keineswegs nachteilig sein – gleichsam als primär ästhetische Ereignisse – wenig verwunderlich und auch nicht problematisch in unserer durchästhetisierten post-postmodernen Welt).

Ebenso gilt: nicht eine generelle Unlust am Singen ist die Ursache für dessen (vermeintliche?) Krise. Wie auch in der Paderborner Studie wird deutlich, dass es vornehmlich fehlende Singfertigkeiten und (im Falle der eher sporadisch in Kirchen Anzutreffenden besonders stark) mangelnde Repertoirekenntnis sind, die dem Singen im Weg stehen. Der Wunsch nach lautstarkem Gesang ist so entscheidend – im Fall der Bestattung, weil er nur so die erhoffte unterstützende Wirkung erzielt, im Fall der Trauung, weil karger Gesang der besonderen Feierlichkeit des Anlasses entgegen steht –, dass der Bekanntheitsgrad eines Liedes zum primären Auswahlkriterium wird. Eine Braut beschreibt etwa, ihr sei es wichtig gewesen, *dass die Lieder bekannt sind, oder etwas eingängiger sind, wenn man regelmäßiger in die Kirche geht.*

Als besonders wichtig erscheint die richtige Mischung aus alt und neu (auch hier eine mögliche Parallele zur der Paderborner Studie, die eine gleichzeitige Bevorzugung von Choral und Neuem Geistlichen Lied ausweist). So fällt die Entscheidung zumeist auf *was Modernes, aber auch was Traditionelles, was auch jeder kennt, auch die ältere Generation.*

Singen wird also nur dann als wünschenswert im Gottesdienst betrachtet, wenn es – ohne Zwang – mit einer gewissen Intensität und Leidenschaft erfolgt, also auch: wenn die zu singenden Lieder emotional ansprechend sind (und genau deshalb zum Singen anregen).

Emotionalität nun stellt sich (auch dies zeigt die Paderborner Studie) primär über den Klang (der Musik) bzw. die Musik selbst her. Insofern spielen bei der Liedauswahl einseitig inhaltlich-rationale, etwa auf den Liedtext bezogene Überlegungen eine eher untergeordnete Rolle. Wichtiger scheint – wie für die Musikauswahl als Ganzes – ein emotionaler Zugang zu den entsprechenden Liedern, der jedoch wiederum durch allzu befremdliche Texte nachhaltig behindert werden kann.

Insgesamt ist auffällig, dass die Befragten nur diejenigen Lieder in Erinnerung behalten, die sie selbst aktiv ausgesucht haben, offenbar also allein diejenigen, die zur eigenen Person in Bezug gesetzt werden können:

[...] fremde Kirchenlieder interessieren mich im Prinzip gar nicht. Wenn ich ganz ehrlich bin.

Immer dann, wenn die Lieder allein von kirchlicher Seite ausgewählt wurden, scheinen sich diese aus dem Gedächtnis zu löschen, mithin nicht wirklich relevant für das Erleben der Feier gewesen zu sein. Ein Zugang kann also allein zu denjenigen Liedern aufgebaut werden, mit deren Inhalten die Befragten eine persönliche Erinnerung verbinden, die als stimmig empfunden werden. Die Konsequenzen sind leicht abzusehen.

Schlussfolgerungen

Ästhetische Wertschätzung ist neben einem mehr oder weniger guten Verhältnis zur eigenen Stimme und der Kenntnis des zu singenden Repertoires die wesentliche Voraussetzung für die durch die Paderborner Studie so eindringlich nachgewiesene Lust am Singen. Es ließe sich daher – auch mit Blick auf meine Überlegungen zur Kasualmusik – fragen, ob überall dort, wo nicht gern und gut gesungen wird, vielleicht diese drei Aspekte unterbelichtet sind. Vielleicht wird in diesen Gemeinden:

1. zu viel von dem gesungen, was die Menschen schlichtweg nicht kennen, oder
2. zu viel von dem, was die Menschen nicht mögen,
3. dass (drittens) hier stets nur diejenigen zusammenkommen, die (zufällig) schlecht singen dürfte eher unwahrscheinlich sein (wäre jedoch dahingehend problematisch, als dass nur schwer Abhilfe zu leisten wäre).

Im Falle der Kasualien nun sind die Konsequenzen leichter zu ziehen als für den Sonntagsgottesdienst (und sind in der Praxis ja auch schon lange gezogen worden): es hat sich ein Kernbestand an Trauungs-, Tauf- und Bestattungsliedern herausgebildet, auf die in fast jedem eintretenden Fall (gern) zurückgegriffen wird. Die empirischen Daten nun entlasten von dem Druck, darin eine unzureichende Verengung des Repertoires zu sehen. Es mag für denjenigen, der eine Kasualie von kirchlicher Seite bestreitet, unbefriedigend sein, die immer wieder selben Lieder zu singen. Es gilt jedoch sich klar zu machen, dass die Menschen dies nicht so empfinden. Zum einen ist die Kasualfeier zumeist ein singuläres oder jedenfalls eher seltenes Ereignis im Leben dieser Menschen, zum anderen verursacht das Altbekannte bei ihnen keine Langeweile, sondern zumeist eher das Gefühl von Heimat und Vertrautheit. Meiner Meinung nach ist es in keinem Fall angemessen, eine Kasualie zum Erlernen neuer Lieder zu nutzen (allenfalls dann, wenn die Betroffenen den Wunsch hierzu ausdrücklich äußern). Die (Musik-)Pädagogisierung vieler Gottesdienste ist ohnehin ein grundsätzliches Problem (auch weil dies oftmals in wenig professioneller Weise geschieht). Grundsätzlich sollten weder Kasualuen noch Gottesdienste die Anwesenden mit einer Musik konfrontieren, die ihm größtenteils fremd ist. Dass schließt freilich nicht aus, dass auch die Begegnung mit dem Fremden zu einer gottesdienstlich fruchtbaren Situation werden und zuweilen erfolgen kann (und sollte). Dennoch gilt: besonders auch im Falle der Lieder ist ein (Kasual-)Gottesdienst kein Ort für (musikalische) Experimente.

Für den sonntäglichen Gottesdienst gestaltet sich die Situation freilich schwieriger. Das Gesangbuch besteht aus mehr als 20 Liedern – und es spricht manches dafür, die angebotene Fülle auch hinreichend auszunutzen. Sowohl theologisch als auch kirchenmusikalisch ist eine differenzierte Liedauswahl durchaus angemessen. Die vergleichsweise geringen Repertoirekenntnisse nicht kleiner Teile der Gottesdienstteilnehmerinnen und

-teilnehmer stehen dem indes im Wege – die Konsequenz: neue (oder auch wiederzuentdeckende alte) Lieder müssen neu vermittelt werden (wozu zumindest die Befragten der Paderborner Studie offenbar in Maßen bereit sind, indem sie sich offen für Neues zeigen).

Jedoch darf dieser Wunsch nach Vielfalt nicht dazu führen, die vorhandene Singbereitschaft durch Überforderung unterschiedlicher Art zu schwächen. Sie sollte nicht durch die Verwendung grenzwertig unbekannter oder befremdlicher Lieder im Übermaß beschädigt werden. Austarierungen sind hier gefragt, Anpassungsprozesse an das, was die Menschen sich erhoffen – ohne sich jedoch deren Vorstellungen vorschnell anzubiedern und allein ein bekanntes Kleinstrepertoire zu bedienen. Die seit einigen Jahren kursierende Kernliederliste mag ein erster Schritt in diese Richtung sein.

Es wird eine entscheidende Herausforderung sein, die Repertoirebasis der Gottesdienstgemeinde zu erweitern. Der Gottesdienst selbst eignet sich hierfür jedoch nur bedingt. Die kirchenmusikpädagogische Herausforderung setzt früher an.[13] Das Erlernen von Liedern sollte verstärkt in anderen Kontexten erfolgen. Nötig ist dies sicherlich. Wenn man sich vor Augen führt, dass die Brautpaare gezielt auf die Lieder zurückgreifen, die sie in der eigenen Gottesdienst- und Konfirmandenzeit kennen gelernt haben, dann müsste die Marschroute klar sein. Wer mit seinen Konfirmanden nicht auch außerhalb des Gottesdienstes einmal Paul Gerhardt singt, der darf sich nicht wundern, dass dessen Bekanntheit immer mehr zurückgeht. Wer nur »Danke« singt, darf nicht klagen, dass ihn dieses Lied im Kasualkontext immer wieder einholt.

Wem die Vielfalt gottesdienstlicher Liedkultur am Herzen liegt, der muss Räume außerhalb der Gottesdienste schaffen, in denen eben diese Lieder erlernt und kennen gelernt werden. Freilich ist dies vor dem Hintergrund unserer aktuellen kirchlichen Landschaft und dem Partizipationsverhalten vieler Kirchenmitglieder nicht leicht. Bemühungen in diese Richtung gibt es jedoch in vielfältiger Form. Es müssen Kooperationen eingegangen werden – vor allem sicherlich mit den unterschiedlichen Bildungsträgern.

Unbestritten sind die möglichen positiven Auswirkungen des Singens

---

13. Für einige grundlegende Gedankden zur Kirchenmusikpädagogik vgl. Bubmann, Peter: Kirchenmusikpädagogik. Anmerkungen zu einigen Grundfragen musikalischer Bildung im Kontext der Kirche, in: Musik – Religion – Kirche. Studien zur Musik aus theologischer Perspektive, Leipzig 2009, 117–131.

nicht nur für den Einzelnen, sondern auch für die gottesdienstliche Gemeinschaft. Zweifelsohne kann sich diese durch ein gemeinsam gesungenes Lied konstituieren, kann sie sich als Kollektiv am gottesdienstlichen
Geschehen beteiligen, kann sie aktiv ins gemeinsame Zwiegespräch mit
Gott eintreten. »Mit Herz und Mund« jedoch kann nur derjenige singen,
der sowohl dem Akt des Singens als auch den zu singenden Liedern selbst
mit einer gewissen Selbstverständlichkeit entgegen tritt. An dieser Stelle
gilt es anzusetzen. Die Voraussetzungen sind durchaus gut. Mit einigen
gezielten (auch und gerade auf empirischen Erkenntnissen basierenden)
Maßnahmen wird unsere Kirche auch weiterhin eine singende Kirche sein
können.

Perspektiven

Kommentar aus religionspädagogischer Sicht – Hymnologiedidaktische Überlegungen

Harald Schroeter-Wittke

Die Hymnologie hat in Deutschland an der Universität einen schweren Stand. So gibt es z. B. keine praktisch-theologische Professur, die die Hymnologie als eigenständigen Forschungsbereich erwähnt. Dabei gehört das Singen zu den Grundvollzügen von Religion. Wenn es die Hymnologie schon schwer hat, so trifft dies umso mehr zu für die Frage nach einer hymnologischen Didaktik. Die folgenden Überlegungen nähern sich diesem noch weitgehend blinden Fleck der Praktischen Theologie aus der Perspektive der Religionspädagogik.

Religionspädagogik als Theorie des Lernens von Religion in Kirche und Gesellschaft hat dabei nicht nur den Lernort Schule im Blick, sondern auch die Lern- bzw. Sozialisationsorte Familie, Kirche bzw. Gemeinde sowie Medien.[1] In allen diesen Lernorten spielt das Singen eine wichtige Rolle, die allerdings historischen und gesellschaftlichen Wandlungen unterworfen ist. Die Interdependenz dieser vier Lernorte macht es wahrscheinlich, dass Veränderungen in einem der Lernorte auch die anderen Lernorte betreffen.

So ist etwa zu erwarten, dass sich Häufigkeit und Qualität des Selber-Singens stark verändert haben durch die rasante Entwicklung der Medien in den letzten 150 Jahren, die gegenwärtig dazu führt, dass das Singen-Lassen für viele Menschen omnipräsent und ubiquitär verfügbar ist. Was in früheren Zeiten Gott vorbehalten war, nämlich von einem ständigen Gesang (der Engel) umgeben zu sein, können heute auch die Menschen genießen mit Autoradio, MP3-Player, iPod und anderen technischen Er-

---

1. Zu diesen vier Lernorten der Religionspädagogik vgl. Grethlein, Christian: Religionspädagogik, Berlin/New York 1998, 307–541.

rungenschaften.[2] Ob Gott jemals gesungen hat und ob möglicherweise seine Fähigkeit, selber zu singen, unter dem ständigen Gesang der Engel leidet, wissen wir nicht genau. Für das menschliche Gesangverhalten jedoch ist klar, dass die ständige Präsenz von uns umgebendem Gesang unser eigenes Singen verändert. Einige regt dieser Umstand zum Selber-Singen an. Viele jedoch glauben zunehmend, dass sie nicht singen könnten, vermutlich weil sie Idealklang und Idealbild der sie umgebenden Stars[3] nicht erreichen. Zwar gibt es mit der Karaokekultur[4] mittlerweile einen Zweig der Unterhaltungsindustrie, der mit der dadurch entstehenden Scham produktiv spielt, jedoch fördert dies das Singen als Alltags- oder Festtagsphänomen in anderen Kontexten vermutlich wenig. Dasselbe gilt auch für die Frage, ob das Singen in Sportstadien[5] das Singen in anderen Kontexten fördert. Genaue Untersuchungen dazu liegen jedoch auch noch nicht vor.

Die Hymnologie ist bislang auch ein Stiefkind der empirischen Erforschung gewesen. Das ändert sich gegenwärtig mit den unterschiedlichen empirischen Forschungen zu Musik und Gesang in kirchlichen Kontexten, auf die in diesem Band Bezug genommen wird. Welche Beobachtungen und Entdeckungen lassen sich diesbezüglich mit der Paderborner Studie machen?

Auch wenn klar ist, dass sich die Daten vornehmlich auf sehr regelmäßige Kirchgängerinnen und –gänger beziehen, so lässt sich für diese Gruppe, die für die Tradierung kirchlicher Traditionen von nicht zu unterschätzender Bedeutung ist, doch einiges Hieb- und Stichfeste beobachten:

---

2. Beim Schreiben dieses Artikel switche ich z. B. gerade hin und her zwischen der Gesamtaufnahme der Balladen und Lieder von Carl Loewe (CPO 2009), John Cage's »Complete Music for Prepared Piano« (Brilliant Classics 2006) und Bobby McFerrins VOCAbuLarieS (2010).

3. Vgl. dazu Schwarze, Bernd: Star, in: Handbuch Religion und Populäre Kultur, hg. von Kristian Fechtner, Gotthard Fermor, Uta Pohl-Patalong und Harald Schroeter-Wittke, Stuttgart 2005, 288–296.

4. Vgl. dazu Wienker-Piepho, Sabine: Nun singen sie wieder! – Karaoke in Deutschland; in: Medien Popularer Kultur. Erzählung, Bild und Objekt in der volkskundlichen Forschung, hg. von Claudia Lipp, Frankfurt am Main 1995, 219–229.

5. Vgl. dazu Kopiez, Reinhard/Brink, Guido: Fußball-Fangesänge. Eeine FANomenologie, Würzburg ³1999.

1. Es wird gerne gesungen

Obwohl es seit langem Klagen über den schlechten Gesang der Protestanten im Gottesdienst gibt, dessen Gründe noch weiter historisch und sozio-
logisch zu erforschen wären,[6] führt unsere Befragung in der Gegenwart
zu einem erstaunlichen, für manche überraschenden ersten Ergebnis: Die
von uns Befragten singen in der Regel sehr gern, und dies besonders im
Gottesdienst. Dem entspricht, dass für über 95 % Musik in ihrem Leben
wichtig oder sehr wichtig ist. Für knapp 90 % ist die Kirche der mit Abstand
bevorzugte Singeort, gefolgt von familiären Singesituationen mit jeweils
um die 50 % (Familienfeste/mit Kindern). Vor dem Chor (35 %) steht noch
das Auto (44 %), in dem die Medien (Radio/CD-Player) sicherlich eine
unterstützende Rolle spielen. Dass nur 13 % der Befragten in der Schule
singen, ist dann als hoher Wert einzuschätzen, wenn man bedenkt, dass
unter den Befragten nur 11 % Schulerinnen und Schüler sind. In allen vier
religiösen Sozialisationsorten wird also kräftig gesungen. Für eine hymnologische Didaktik ist dies eine gute Ausgangsposition, die reichlich genutzt
werden sollte. Wer in religions- und gemeindepädagogischen Kontexten
zum Singen einlädt, wird zwar bei Jugendlichen und Studierenden oft
verdutzte Blicke ernten, aber auch die Erfahrung machen, dass nach an-
fänglichem Zögern doch erstaunlich kräftig mitgesungen wird, was den
meisten Beteiligten vielfach sogar auch noch Spaß macht.

---

6. Vgl. z. B. Brusniak, Friedhelm: Andeutungen zur Verbesserung der Musik beym evangelischen
   Gottesdienste, in: Allgemeine Musikalische Zeitung 21 (1819), 517–523. Diesen Hinweis verdanke
   ich Heiner Gembris. Die Geschichte der Klagen über den gottesdienstlichen Gesang und die
   Versuche, ihn zu befördern, bedarf noch einer gründlichen wissenschaftlichen Aufarbeitung.
   Dazu würde auch die Frage nach der Wahrnehmung des Singens in Liturgiken und Praktischen
   Theologien der letzten 200 Jahre gehören, weil sich hier spiegeln würde, wie das Singen nicht
   nur musikalischerseits wahrgenommen worden ist. Dass das 19. Jahrhundert nicht nur wegweisend ist für die gegenwärtige Gottesdienstkultur, sondern auch für die Gesangskultur, belegen
   die Gender-Forschungen zum Stimmbruch, die die kulturell genormten Diskurse dieser Frage
   aufzeigen; vgl. dazu Grotjahn, Rebecca: »Die Singstimmen scheiden sich ihrer Natur nach in
   zwei große Kategorien«. Die Konstruktion des Stimmgeschlechts als historischer Prozess, in:
   Puppen – Huren – Roboter. Körper der Moderne in der Musik zwischen 1900 und 1930, hg. von
   Sabine Meine und Katharina Hottmann, Schliengen 2005, 34–57.

2. Die Verschiedenheit der Musikgeschmäcker[7]

Die Musikgeschmäcker sind unterschiedlich und erfordern demzufolge
eine differenzierte hymnologische Didaktik. Ein detaillierter Blick auf die
vier abgefragten Geschmacksrichtungen ist aufschlussreich. Die meisten
gültigen Stimmen entfallen auf die Klassische Musik (4389), gefolgt von
der Volksmusik (4145). Zu Pop/Rock (3858) und Jazz (3802) äußern sich
deutlich weniger Befragte. Die Amplitude der Geschmäcker ist bei der
Klassischen Musik am geringsten, bei Pop/Rock am stärksten. Auf einer
Skala von 4 (sehr gerne) bis 1 (gar nicht) ist der Mittelwert für die Klassische
Musik am höchsten (3,18), gefolgt von Pop/Rock (2,76), Jazz (2,41) und
Volksmusik (2,05). Dass die Klassische Musik so gut abschneidet, verwun-
dert bei der Altersstruktur der Befragten nicht, gilt doch der Jahrgang 1960
in der Musiksoziologie als derjenige, bei dem die Klassische Musik lebens-
geschichtlich als musikalische Hauptpräferenz durch die Pop- und Rockmusik abgelöst wird. Von hier aus ist es auch verständlich, dass das Neue
Geistliche Lied und die Choräle insgesamt mit 75 % als die Gesänge gelten,
die die meisten gerne mitsingen. Deutlich ist aber auch, dass die Klassische
Musik als Leitmusikkultur aufgrund der demographischen Entwicklung
in absehbarer Zukunft noch deutlicher abnehmen wird, was die Bemühungen um eine kirchenmusikalische und hymnologische Didaktik umso
dringender macht, weil der Kanon des gemeinsamen Gesangs sich deutlich
verschieben wird. Wegweisend in dieser Hinsicht könnten die Liederhefte
der letzten Kirchentage sein, die von einigen gastgebenden Landeskirchen
auch als offizielle Ergänzungen zum Evangelischen Gesangbuch nachhaltig genutzt werden.

Werfen wir nun noch einmal einen Blick auf die Präferenzen innerhalb
der einzelnen Musikstile, so zeigt sich, dass nur sehr wenige Klassische
Musik »gar nicht« mögen (4 %) und über 80 % »gerne« oder »sehr gerne«,
letzteres fast 50 %. Bei Pop/Rock sieht die Sache schon ein wenig anders
aus. 15 % mögen diese Musikrichtung »gar nicht«, über 60 % mögen sie
»gerne« oder »sehr gerne«, wobei der Spitzenwert mit 33 % bei »gerne«
liegt. Damit ist Pop/Rock insgesamt gesehen nicht so stark akzeptiert wie

---

7. In seinen Reden über die Religion hatte Schleiermacher Religion als »Sinn und Geschmack fürs
Unendliche« (Über die Religion, Berlin 1799, 53) bezeichnet. Damit hat er Religion als Ge-
schmackssache wissenschaftsfähig gemacht. Ebenso wie das Hören zählt der Geschmack zu den
elementarsten Sinnen und ist deshalb für die gegenwärtigen Fragen nach differenzierter Wahrnehmung von Religion und Gesang unhintergehbar.

die Klassische Musik. Beim Jazz liegen die beiden Extremwerte »gar nicht« (16 %) und »sehr gerne« (12 %) nahezu gleich auf, ebenso die mittleren Werte »nicht so gerne« (34 %) und »gerne« (37 %). Es ist davon auszugehen, dass Jazz weitaus weniger polarisiert als die Volksmusik, die nur 12 % »sehr gerne« hören und deren andere drei Präferenzwerte mit jeweils ca. 30 % gleichauf liegen. Was im Neuen Geistlichen Lied erklingt, wird durch unsere Umfrage bestätigt. Allzu harte Pop/Rock-Klänge und Settings polarisieren. Am unschädlichsten sind leichte Jazz-Einflüsse. Die Nähe zum Schlager sollte nicht zu groß sein. Ein Hauch von Klassik schadet in der Regel nicht. Diese Einsicht wird bestätigt durch die Reihenfolge der präferierten Liedbegleitungen im Gottesdienst, die deutlich von der Orgel angeführt wird, gefolgt von Klavier, Gitarre, Posaunenchor, die in etwa liegen. Band, Schlagzeug/Percussion und A-Capella-Gesang liegen deutlich dahinter, wobei Playbackverfahren mehrheitlich unerwünscht sind.

Hymnologiedidaktisch scheinen mir alle diese Werte gut zu sein für ein mutiges Ermuntern zum gemeinschaftlichen Viel-Singen bei gebührender Berücksichtigung gemäßigter Popmusik. Dabei sollte jedoch ein elitärer Klassik-Anspruch in der Breite jedenfalls tunlichst unterbleiben. Zu bedenken ist fernerhin, dass wir es bei den Befragten mit kirchlichen Insidern zu tun haben. Inwiefern solche Strategien auch für kirchenfernere Menschen und Kulturen greifen, ist noch völlig offen. Vermutlich ist auch hier das Moderate eher zugänglich als das Polarisierende, aber es wird hier wohl auch zunehmend poppiger und/oder schlagerhafter bzw. volksmusischer werden« müssen, mit einem Wort: unterhaltender[8].

3. Der Sound[9] ist elementar wichtig

Dabei wird der Sound der Musik und des Gesangs und damit die Begleitung eine zunehmend wichtigere Rolle spielen. Für eine hymnologische Didaktik ist folgende Einsicht entscheidend: Bei der Frage, was den Befragten an einem christlichen Lied im Allgemeinen wichtig, erhält die Antwort »Musik/Klang« (3.57) die höchste Zustimmung, erst danach folgt der Text

---

8. Zur Unterhaltung als einer theologischen Kategorie vgl. Schroeter-Wittke, Harald: Art. Unterhaltung; in: TRE 34 (2002), 397–403.
9. Zum Sound als pädagogisch-theologischer Kategorie vgl. Fermor, Gotthard: Der Sound des Lernens. Systematisch- und praktisch-theologische Überlegungen zur Gemeindekulturpädagogik am Beispiel der Musik, in: ZPT 59 (2007), 120–135.

(3.35), am Ende liegt das Bekenntnis des Glaubens (3.03) mit einem allerdings immer noch sehr hohen Wert. Dem entspricht der hohe Stellenwert,
den die folgenden Antworten auf die Frage erhalten, wann das Singen leicht
fällt: u.a. »Wenn die Atmosphäre gut ist« und »Wenn mir die Begleitung
gefällt«. An der Spitze steht hier »Wenn ich das Lied mag« – eine Äußerung, die m.E. nur verständlich wird, wenn das Atmosphärische hierbei
mitgedacht wird. Hymnologiedidaktisch bedeutet dies, dass die Atmosphäre für das Erlernen von Liedern mindestens genauso wichtig ist wie
die anderen musikalischen und theologischen Faktoren, die dabei auch
vonnöten sind, in der Ausbildung bei Kirchenmusikern und Pfarrerinnen
jedoch vorrangig begegnen. Wir benötigen nicht nur in der Liturgiedidak-
tik, sondern auch in der Hymnologiedidaktik zunehmend Atmosphären-
kompetenz.[10]

4. Singen in agonalen Settings

Seit Schleiermacher gilt der Gottesdienst vor allem als Darstellung des
religiösen Bewusstseins der Glaubenden bzw. der Gemeinde. Gottesdienst
ist demzufolge darstellendes und nicht wirksames Handeln.[11] Hier wird
etwas gemeinschaftlich aufgeführt bzw. in Szene gesetzt. Das geht besonders gut, wenn die eigenen Gefühle positiv gestimmt sind, weil es dann
keinen Gegner gibt, niemanden, von dem oder der sich die im Gottesdienst
Versammelten abgrenzen müssten. Dieses Gottesdienstverständnis zeigt
sich auch bei unseren Befragten, die mit Abstand dann am wenigsten gerne
singen, wenn sie bedrückt sind. Gottesdienstliches Singen wird demzufolge mit Lob, Dank und Bitte in Verbindung gebracht, weniger jedoch mit
Klagen. Nur in wenigen Gottesdiensten kommt der Umstand explizit zur
Geltung, dass wir eben auch ohnmächtig sind gegenüber dem, was passiert,
dass wir uns bedroht fühlen und gegen einen Feind zu Felde ziehen.

---

10. Vgl. dazu Kunstmann, Joachim: Atmosphäre, in: Kirchenmusik als religiöse Praxis. Praktisch-
     theologisches Handbuch zur Kirchenmusik, hg. von Gotthard Fermor und Harald Schroeter-
     Wittke, Leipzig 2005, 60–65; Prößdorf, Detlev: Arrangement, in: ebd., 55–59; sowie Plüss,
     David: Gottesdienst als Textinszenierung. Perspektiven einer performativen Ästhetik des Got-
     tesdienstes, Zürich 2007, 196–206.
11. Vgl. dazu Stroh, Ralf: Schleiermachers Gottesdiensttheorie, Berlin/New York 1998; Braungart,
     Christiane: Mitteilung durch Darstellung. Schleiermachers Verständnis der Heilsvermittlung,
     Marburg 1998.; sowie Schroeter-Harald: »Denn die Lehre feiert auch, und die Feier lehrt.«
     Prospekt einer liturgischen Didaktik, Waltrop 2000, 21–30.

Luthers Musik- und Gottesdienstverständnis hatte demgegenüber noch einen deutlich anderen Akzent. Wenn Luther seine Hochschätzung der Musik[12] damit begründet, dass die Musik gleich nach der Theologie kommt, weil sie ebenso wie diese den Teufel vertreibt, dann zeigt sich sowohl für das Musizieren als auch für das Gottesdienstfeiern weniger eine darstellende, sondern vielmehr eine agonale Grundsituation. Mit dieser exorzistischen Note[13] ist Gottesdienst bei Luther eminent wirksames Handeln. Die Gottesdienstteilnehmenden werden in grundlegender Weise als Angefochtene wahrgenommen,[14] so dass in jedem Gottesdienst Erlösung und Erleichterung[15] als Erfahrungen für die Angefochtenen hier und jetzt auf dem Spiel stehen. Genau deshalb bedarf es der viva vox evangelii,[16] die eben auch und gerade im Gesang als Konstitutivum eines protestantisch-dialogischen Gottesdienstverständnisses Gestalt findet. Dieser agonalen Grundsituation verdankt die Musik im Gottesdienst bei Luther ihre Hochschätzung, deren Kriterium bei ihm in erster Linie die Güte der Musik ist und nicht ein so und so gegebener oder zu vermittelnder christlicher Inhalt.

Eine Konsequenz des Gottesdienstverständnisses und der Gottesdienstpraxis im Gefolge Schleiermachers ist darin zu sehen, dass das Klagen gegenüber dem Loben und Danken deutlich unterrepräsentiert ist. Vergleicht man den Psalter mit unserer Gottesdienstpraxis, so ist an diesem Punkt eine der größten Verschiebungen zu erkennen. Während die Klage in der Mehrzahl der Psalmen eine große Rolle spielt, sieht dies bei unseren landeskirchlichen Gottesdiensten und ihrer vorwiegenden Frömmigkeit deutlich anders aus. Ein Blick auf Kirchen in nicht priviligierten oder gar Unterdrückungssituationen, wie z. B. den Black Churches und ihren Traditionen, zeigt, dass

---

12. Vgl. dazu Krummacher, Christoph: Musik als praxis pietatis. Zum Selbstverständnis evangelischer Kirchenmusik, Göttingen 1994, 11–52; sowie Block, Johannes: Verstehen durch Musik. Das gesungene Wort in der Theologie. Ein hemeneutischer Beitrag zur Hymnologie am Beispiel Martin Luthers, Tübingen/Basel 2002.

13. Vgl. dazu Fechtner, Kristian/Friedrichs, Lutz: Predigt als Exorzismus? Überlegungen zum Umgang mit einer umstrittenen Tradition, in: Religion wahrnehmen. Festschrift für Karl-Fritz Daiber, hg. von Kristian Fechtner, Lutz Friedrich, Heinrich W. Grosse, Ingrid Lukatis und Susanne Natrup, Marburg 1996, 307–319.

14. Vgl. dazu grundlegend Ratschow, Carl Heinz: Der angefochtene Glaube. Anfangs- und Grundprobleme der Dogmatik, Gütersloh 1957.

15. Die Erleichterung als Erlösung von der Erlösung hat mit guten Gründen Uwe Gerber für die post- bzw. spätmoderne Situation ins Spiel gebracht: Religiosität in der Erlebnisgesellschaft, in: Prozesse postmoderner Wahrnehmung. Kunst – Religion – Pädagogik, hg. von Bernd Beuscher, Harald Schroeter und Rolf Sistermann, Wien 1996, 203–211.

16. Vgl. dazu Emrich, Britta: Lebendige Stimme. Zu Wesen und Bedeutung der menschlichen Stimme nach Martin Luther, in: Luther 81 (2010), 69–89.

hier auch musikalisch und hymnologisch ganz andere Wege bestritten werden. Das Klagen und seine hymnologische Transformation nimmt hier einen
breiteren Raum ein. Dabei impliziert die Call-and-Response-Struktur[17] vieler
dieser Gesänge eine agonale Grundstruktur. Diese Beobachtung korrespon-
diert mit populären Situationen öffentlichen Singens in unserer Kultur, z. B.
bei Stadiongesängen zu Sportveranstaltungen, bei denen der Gegner in
Grund und Boden gesungen wird, so dass das Publikum etwa den 12. Mann
auf dem Platz (und damit die Komplettierung der Jüngerzahl) darstellt. Oder
auch bei »Deutschland sucht den Superstar« und ähnlichen Veranstaltungen, bei denen das öffentliche Singen immer auch in einer agonalen Grundstruktur begegnet. Die agonale Grundstruktur ist schließlich auch bei Karaoke und beim Rap oder beim HipHop[18] zu erkennen.

Singen in agonalen Grundstrukturen macht deshalb Spaß, weil es als
darstellendes Handeln eminent wirksames Handeln ist und umgekehrt,
insofern hier immer etwas auf dem Spiel steht. In unserer landeskirchlichen Gottesdienstkultur hingegen gibt es meist nur noch extreme Ausnah-
mesituationen, in denen etwas auf dem Spiel steht, etwa bei öffentlichen
Gottesdiensten nach Katastrophen. Hier werden auch Musik und Gesänge
als wirksames Handeln erlebt.[19]

Singen in agonalen Settings, etwa als Wettbewerb oder in einer Call-and-
Response-Struktur, scheint mir auch hymnologiedidaktisch weiter führend
zu sein. In einer agonalen Grundstruktur kommt Spannung auf, hier steht
etwas auf dem Spiel. Ein solches Spiel als agonales Handeln[20] kann die
Lust am Singen stark fördern.

---

17. Vgl. dazu Fermor, Gotthard: Ekstatis. Das religiöse Erbe in der Popmusik als Herausforderung
    an die Kirche, Stuttgart u. a. 1999.
18. Vgl dazu Landgraf, Michael: Sprechgesang – HipHop – Rap, in: Musik in Schule und Gemeinde.
    Grundlagen – Methoden – Ideen, hg. von Peter Bubmann und Michael Landgraf, Stuttgart
    2006, 315–334.
19. Als geborener Duisburger hat mich die Love-Parade-Katastrophe besonders beschäftigt, zumal
    ich im Urlaub abgeschnitten war von nahezu allen Informationsmedien. Der Bericht der Bild
    am Sonntag über den Trauer-Gottesdienst in der Salvatorkirche habe ich daher Tage später mit
    großer Aufmerksamkeit gelesen. Hier wurde überdeutlich, welch hohen Stellenwert vor allem
    die Musik dabei hatte.
20. Während Roger Caillois den Agon (Wettkampf) als eine der vier Grundformen des Spielens
    ausgewiesen hat, wird das Spiel als agonales Handeln in theologischen Spieltheorien kaum
    rezipiert. Vgl. z. B. das Begleitbuch zur Ausstellung »Spielen. Zwischen Rausch und Regel« im
    Deutschen Hygiene-Museum in Dresden, Ostfildern 2005, in dem das Agonale eine wesentli-
    che Dimension darstellt, gegenüber Kliss, Oliver: Das Spiel als bildungstheoretische Dimension
    der Religionspädagogik, Göttingen 2009, der das Agonale vernachlässigt, weil vor allem das
    Spiel als darstellendes Handeln theologisch und religionspädagogisch als anschlussfähig gilt.

5. Offenohrigkeit unterstützen

Die musikpsychologischen Forschungen von Heiner Gembris und anderen zur Haltung von Kindern gegenüber Musik haben ein klares Ergebnis.[21] Bis etwa ins 9. Lebensjahr hinein sind Kinder für alle Musikrichtungen, -genres und -stile offen. Die Musikpsychologie spricht hier von »Offenohrigkeit«, die sich ab dem 9. Lebensjahr schlagartig verliert. Ab da spielt die Popmusik bei den allermeisten Kindern die wichtigste Rolle. Bei den meisten ist diese jugendkulturelle Phase mit Mitte 20 durchlaufen – allerdings mit zunehmender Tendenz nach oben. Erst danach wird biographisch vielfach wieder an das angeknüpft, was den Kindern bis zum 9. Lebensjahr musikalisch begegnet ist, ohne dass die kindliche Offenohrigkeit der Kindheit bei den allermeisten je wieder erreicht werden würde. Diese Ergebnisse konnten in Bezug auf Musik mit religiösen Bezügen empirisch bestätigt werden.[22] Diese Offenohrigkeit bedeutet hymnologiedidaktisch: Kinder sind neugierig auf die Vielzahl und Vielfalt der musikalischen Welten. Sie darf ihnen nicht vorenthalten werden. Sie lassen sich gut und gerne auch mit alten und avantgardistischen musikalischen Traditionen konfrontieren. Spezielle Kindermusiken sind daher häufig mit Vorsicht zu genießen, wobei auch hier die Ausnahmen die Regel bestätigen, z. B. Martin Luthers Kinderlied »Vom Himmel hoch, da komm ich her«[23], die lange Zeit Leopold Mozart zugeschriebene »Kindersinfonie«, Pjotr Prokofieffs »Peter und der Wolf«, Hans Krasas Theresienstädter Kinderorper »Brundibár«[24] oder aber auch Christiane Webers »Krümelmucke«[25].

Hymnologiedidaktisch stellt die kindliche Offenohrigkeit eine paradigmatische Handlungsmaxime dar. Nicht nur für Kinder, sondern für alle Altersstufen gilt aus religionspädagogischer Sicht der doppelte Grundsatz: Jede und jeder kann mit fremder Tradition konfrontiert werden, dies aber

---

21. Vgl. Schellberg, Gabriele/Gembris, Heiner: Was Grundschulkinder (nicht) hören wollen. Eine neue Studie über Musikpräferenzen in der 1. bis 4. Klasse, in: Musik in der Grundschule Heft 4/2003, 48–52.
22. Vgl. Schroeter-Wittke, Harald: Halleluja. Präludien einer religionspädagogischen Hymnologie, in: JLH 46 (2007), 143–159, bes. 148f.
23. Vgl. dazu Ernst, Hans-Bruno: Zur Geschichte des Kinderlieds. Das einstimmige deutsche geistliche Kinderlied im 16. Jahrhundert, Regensburg 1985, 64–96.
24. Vgl. dazu auch das Kinderbuch Sendak, Maurice/Kushner, Tony: Brundibar, Hildesheim 2004; sowie den Bericht über Schicksal und Wiederaufführung dieser Kinderoper 1985 in Dresden und Israel bei Freitag, Thomas: Brundibár. Der Weg durchs Feuer, Cottbus 2009.
25. Vgl. www.kruemelmucke.de

nach dem Grundsatz »Interpretation statt Konfrontation«[26]. Was dann jeweils fremde Tradition ist, stellt sich in einem Gespräch heraus, das von der Wertschätzung der jeweils anderen Kultur geprägt ist. Erst in einer solchen wertschätzenden Atmosphäre kann Irritation zugelassen und Fremdheit ansatzweise angeeignet werden.

Dazu würde aus meiner Sicht auch eine Wiedergewinnung der Klage als musikalischer wie auch als liturgischer und aszetischer Ausdrucksform des christlichen Glaubens gehören. Hier würde es darum gehen, auch Gottes Offenohrigkeit erneut wahrnehmen zu lernen.

6. Konsequenzen für die Ausbildung

Hymnologische Didaktik hat eine dreifache Ausrichtung: Sie widmet sich sowohl dem Singen als auch den Liedern und deren Begleitung. Das regelmäßige Singen gehört ebenso zu ihren Aufgaben wie eine elementare Liederkunde sowie eine Begleitkunde. Dafür sind die unterschiedlichen kirchlichen Berufsbilder gemeindekulturpädagogisch[27] stärker miteinander ins Gespräch zu bringen: Kantorin, Pastor, Erzieherin, Gemeindepädagoge, Religionslehrerin, Chorleiter. Das Installieren von popmusikalisch gebildeten Kirchenmusikstellen ist hier ebenso zu begrüßen wie eine Verstärkung kirchenmusikpädagogischer Aktivitäten.[28] In all den genannten Berufsbildern ist eine musikalische Grundbildung wünschenswert, ja notwendig, soll das Singen im Gottesdienst auch künftig für breite Bevölkerungsschichten traditionsbildend sein.

Dabei sind die Lernorte differenziert wahrzunehmen. Der Gottesdienst darf nicht zu einer Singstunde verkommen. Dennoch muss hier, z. B. gefördert durch liturgische Moderation,[29] auch neues Liedgut eingeübt wer-

---

26. Vgl. dazu Eberhard Hauschildt: Unterhaltungsmusik in der Kirche. Der Streit um die Musik bei Kasualien, in: Theophonie. Grenzgänge zwischen Musik und Theologie, hg. von Gotthard Fermor, Hans.Martin-Gutmann und Harald Schroeter, Rheinbach 2000, 285–298.

27. Zu diesem von Henning Schröer stammenden Begriff vgl. Fermor, Gotthard/Ruddat, Günter/Schroeter-Wittke, Harald: Gemeindekulturpädagogik, Rheinbach 2001.

28. Ob dafür der eine kirchenmusikpädagogische Lehrstuhl in Deutschland in Bayreuth, der mit Siegfried Macht einen Schwerpunkt auch auf den Tanz legt, ausreichend ist, bezweifle ich. Dazu ist die Aufgabe zu vielfältig und zu groß.

29. Vgl. dazu Schroeter-Wittke, Harald: Liturgische Moderation. Praktisch-theologische Erwägungen zu einem exemplarischen Modus zeitgenössischer Verkündigung, in: PTh 99 (2010), 449–463.

den. Unsere Befragten haben auf eine Grundspannung in diesem Bereich hingewiesen. Sie sind neuem Liedgut gegenüber keineswegs abgeneigt – im Gegenteil, sie wollen mehrheitlich neue Lieder kennen lernen. Gleichwohl ist die Unkenntnis eines Liedes der größte Hindernisgrund für das Mitsingen. Hymnologiedidaktik im Gottesdienst muss sich diesem Spagat behutsam stellen. Hier kann es keine reinen Lösungen geben. Stattdessen sind freundliche Mixturen, Mischformen gefragt. Dabei dürfen die neuen Lieder nicht alle einer oder nur wenigen bestimmten Liedkulturen angehören, sondern das gesamte Spektrum sollte angeboten werden. Dazu gehört eine kreative Offenheit für vielfältige Begleitungen. Die Offenohrigkeit der Gottesdienstteilnehmenden sollte nicht unterschätzt werden. Die Kirche gilt (immer noch) als ein Ort, an dem milieuübergreifende Inszenierungen erwartet werden, auch wenn sie nicht alle gleich goutiert werden.

Schließlich sollte versucht werden, alte Lieder umsichtig neu zu gestalten und bisweilen mit neuen Klangwelten zu überraschen. Dazu gibt es mittlerweile gutes Material.[30] Hymnologiedidaktik lebt wesentlich von der Atmosphäre, in der das Lernen von Liedern geschieht. Am besten ist immer ein Lernen, das als solches gar nicht wahrgenommen wird. Dazu bedarf es einer gemeindekulturpädagogischen Kompetenz, die sowohl den Crossover zwischen den einzelnen Musikkulturen als auch zwischen den verschiedenen Berufsgruppen in Kirche und Gemeinde wagt.

---

30. Vgl. hier z. B. die drei von der LK initiierten Bände »Singen bewegt. Neue Zugänge zum Singen in der Gemeinde«: Kirschbaum, Christa: Melodiespiele mit Gesangbuch-Liedern, München/Berlin 2005; Teichmann, Wolfgang: Choral-Groove. Rhythmusspiele und einfache Körper-Begleit-Rhythmen zu Gesangbuchliedern, München/Berlin 2006; sowie Macht, Siegfried: Gesangbuch-Lieder als Tänze entdecken, München/Berlin 2007. Ein vierter Band »Elementarbaukasten Singleitung« befindet sich in Vorbereitung.

Singen mit Kindern und Jugendlichen – Singen im Religionsunterricht

Rahel Aude/Teresa Tenbergen

1. Singen mit Kindern und Jugendlichen: physische und entwicklungspsychologische Aspekte

Um das Singen mit Kindern und Jugendlichen in seiner komplexen Gestalt betrachten zu können, ist es notwendig, es als ein auf Entwicklung beruhendes Geschehen zu begreifen und darzustellen. Die für das Singen bedeutsamen Voraussetzungen sind bereits im frühesten Stadium menschlicher Entwicklung zu suchen: noch bevor der Mensch sich selbst äußern kann, hört er. Das Wahrnehmen von Klängen beginnt bereits einige Monate vor der Geburt im Mutterleib. Vor allem die mütterliche Stimme beim Singen oder Sprechen erreicht über das Fruchtwasser das Hörorgan des Fötus, gleichzeitig wird der emotionale Zustand der Mutter durch den Austausch des mütterlichen und kindlichen Blutkreislaufs auf das Kind übertragen. Auch nach der Geburt bildet das Hören die Grundlage einer eigenen klanglichen Äußerung, insofern es zu Reaktionen im Sinne der Nachahmung anregt und Steuerungsfunktionen bei der Stimmgebung übernimmt (audio-phonatorische Kontrolle).[1]

Die erste vokale Äußerung des Menschen besteht im Schreien, das in Tonhöhe, Intensität, Rhythmik und Phrasierung variiert, um verschiedene Bedürfnisse zum Ausdruck zu bringen. Daneben entwickelt der Säugling sehr schnell verschiedene Formen der Vokalisation, denen sich Eltern intuitiv anpassen. Diese als »Ammensprache« oder »motherese« bezeichnete Vokalisation stellt eine Form primärer nonverbaler Kommunikation dar.[2]

---

1. Vgl. Seidner, Wolfram/Wendler, Jürgen: Die Sängerstimme. Phoniatrische Grundlagen der Gesangsausbildung, Berlin 31997, 136.
2. Vgl. Gembris, Heiner: Entwicklungspsychologische Befunde zum Singen, in: Aspekte des Sin-

Umgekehrt ahmen Säuglinge die Melodie der Erwachsenensprache nach. Dabei gibt es ein angeborenes begrenztes Repertoire einfacher Melodietypen,[3] die zunächst vor allem in Glissandobewegungen bestehen, sich aber in den ersten Lebensmonaten deutlich ausdifferenzieren.[4] Während dieser Entwicklungsphase werden durch die nonverbale Kommunikation zwischen Säugling und Bezugspersonen zugleich Befindlichkeiten und Bedürfnisse wie auch emotionales Erleben von Liebe, Zuwendung und Gemeinschaft vermittelt. Diese »quasi-musikalischen Ausdrucksmittel«[5] legen schon hier die Komplexität des vokalen Ausdrucks als ein Emotionalität umfassendes Geschehen an.

Am Ende des ersten Lebensjahres beginnt die getrennte Weiterentwicklung von Singen und Sprechen. Für das Singen erfolgt dabei der Übergang von der Konzentration auf die melodische Kontur zur Gestaltung einzelner Liedphrasen. Im Verlauf des zweiten Lebensjahres singen Kinder kurze einzelne Phrasen in häufiger Wiederholung, die in spontane Improvisation übergehen können.[6] Mit dem allmählichen Wechsel von Spontangesängen zu Liedern können Kinder zwischen 3 und 4 Jahren Fragmente aus beidem zu »potpourrie-ähnlichen Folgen« verknüpfen,[7] haben aber noch kein festes Gefühl für Tonart und Tonalität, dies entwickelt sich erst ungefähr im Alter von 5 oder 6 Jahren.[8] Ab dieser Altersstufe kann ein Kind Lieder recht gut reproduzieren, den Umriss eines Liedes mit richtigen Details füllen, Wechsel in entfernte Tonarten bemerken und vielfach ein festes Metrum verwenden. Was das Singen bis zu diesem Alter besonders kennzeichnet, ist die Tatsache, dass es einen elementaren Lebensbestandteil und Wesenszug des kindlichen Spiels darstellt. Nicht allein mit der Stimme,

---

gens. Ein Studienbuch, hg. von Andreas Lehmann-Wermser und Anne Niessen, Augsburg 2008, 11–34, 16.

3. Vgl. Wermke, Kathleen: Von einfachen zu komplexen Melodien. Über die frühesten Entwicklungsschritte auf dem Weg zur Sprache, in: Singen und Lernen. Kinder- und Jugendstimme. Bd. 1, hg. von Michael Fuchs, Berlin 2007, 9–20, 12.

4. Vgl. Bruhn, Herbert: Entwicklung grundlegender musikalischer Fähigkeiten. Die ersten Lebensmonate, in: Musikpsychologie. Ein Handbuch, hg. von Herbert Bruhn, Rolf Oerther und Helmut Rösing, Hamburg ⁴2002, 276–283, 276.

5. Gembris: Befunde, 17 (Anm. 2).

6. Vgl. Ebd., 19; Bruhn, Herbert: Entwicklung grundlegender musikalischer Fähigkeiten. Singen und Erkennen von Melodien, in: Bruhn/Oerter/Rösing: Musikpsychologie, 283–290, 284 (Bruhn verweist darauf, dass Kinder erst ein von Jean Piaget als Objektpermanenz bezeichnetes Stadium erreicht haben müssen, in dem sie Umweltereignisse dauerhaft repräsentieren).

7. Vgl. Gembris: Befunde, 20f. (Anm. 2). Die Altersangaben verstehen sich als grobe Anhaltspunkte, sie können aufgrund unterschiedlicher Entwicklung variieren.

8. Vgl. Bruhn: Singen und Erkennen, 287 (Anm. 6).

sondern mit dem ganzen Körper vollzogen, gestaltet sich das Singen als
ganzheitliches Phänomen. Im Lauf des Vorschulalters erwerben Kinder
immer mehr Kompetenzen im Singen und beziehen es oft spontan in ihr
Spiel ein. »Über rhythmisch-motorische Reaktionen, Bewegungsimprovi-
sationen, darstellendes Spiel und Tanz erschließen sich Kinder einen Zugang zum emotionalen Gehalt von Musik.«[9]

Mit etwa 8 Jahren hört die Entwicklung der Singfähigkeit im engeren
Sinn auf.[10] Auffällig ist, dass die Entwicklung des Singvermögens mit allgemeinen entwicklungspsychologischen Befunden korreliert: mit der zu-
nehmenden Anpassung an Konventionen und der impliziten Integration
von Regeln in die eigenen Handlungen wächst auch die Kontrolle über das
Singen; der spontane, spielerische und unkonventionelle Gesang tritt zurück.[11] Dies kann zur Folge haben, dass Singfreude und Spontaneität mit
dem Schuleintritt nachlassen; weil Schamgefühle, der Vergleich mit anderen Kindern oder Vorbildern und das Öffentlichmachen des eigenen Singens hemmend wirken. Häufig ist dies bei Jungen stärker als bei Mädchen
zu beobachten.[12] Generell findet im Grundschulalter eine Wendung vom
prozess- zum ergebnisorientierten Singen statt.

Die Voraussetzung für das Singenlernen ist die physiologische Entwicklung der Stimme. Entsprechend der wachstumsbedingten Größenverände-
rungen des Kehlkopfs ändern sich auch die Tonhöhen, die vom Kehlkopf
hergestellt werden können.[13] Der musikalische Tonhöhenumfang nimmt
im Gegensatz zum physiologischen mit zunehmendem Alter und zunehmender musikalischer Erfahrung zu: obwohl Kinder (bereits als Säuglinge)
über einen physiologischen Tonumfang von etwa zwei Oktaven oder mehr
verfügen, beginnen sie das Singenlernen zunächst in einem Rahmeninter-
vall ungefähr einer Terz, das dann stufenweise in seinem Umfang ausge-
dehnt wird.[14] Über den Tonumfang der Kinderstimme gibt es stark diffe-
rierende Angaben,[15] dieser scheint in besonderem Maß auch vom Einfluss

---

9. Trüün, Friedhilde: Singen beginnt im Kopf. Entscheidung im Kindergartenalter, in: Musik und
    Kirche 75 (2005), 180–185, 181.
10. Vgl. Gembris: Befunde, 20 (Anm. 2). Die Singfähigkeiten ungeübter Erwachsener entsprechen
    demnach denen von acht- bis zehnjährigen Kindern.
11. Vgl. Ebd., 24.
12. Vgl. Ebd., 22.
13. Vgl. Keilmann, Annerose: Physiologische Entwicklung des Stimmapparats, in: Fuchs: Singen
    und Lernen, 27–33, 28 (Anm. 3).
14. Vgl. Gembris: Befunde, 20 (Anm. 2).
15. Vgl. Ebd., 30 f.; Mohr, Andreas: Handbuch der Kinderstimmbildung, Mainz 42000, 25 ff. Grund

des musikalischen Umfeldes sowie der Art und Ausprägung der musikalischen Erziehung abhängig zu sein. So lässt sich etwa die Registerausbildung als vom musikalischen Hören bedingt konstatieren. Ein Kind, dem ausschließlich in Bruststimmlage vorgesungen wird, hat es schwer, den gesamten Tonumfang zu entdecken: »Die Kopfstimme wird so geschwächt und verkümmert. Der ursprüngliche Tonumfang wird stark eingeschränkt. Diese Stimmlage ist dem natürlichen Entwicklungsstand der Kinder nicht angemessen.«[16] Die Bedeutung der stimmlichen Vorbilder ist weit reichend, im negativen Fall kann das auch die Verkümmerung des stimmlichen Potentials bedeuten. Andererseits ist es möglich, den Ambitus der Stimme durch Singen und Training zu erweitern. Auch bei so genannten »Brummern«, denen es schwer fällt, einzelne Töne und Lieder nachzusingen, gibt es Möglichkeiten, die Störungen der Singfähigkeiten zu verbessern.[17]

Eine grundlegende Veränderung erfährt die Stimme und damit das Singvermögen in der Pubertät. Bedingt durch die Bildung von Geschlechtshormonen kommt es zur so genannten Mutation, dem volkssprachlichen Stimmbruch. Diese ist durchaus auch bei Mädchen existent, wird jedoch kaum wahrgenommen, da das Längenwachstum der Stimmfalten gering ausfällt. Es kann zu zeitweiliger Heiserkeit kommen, Tonumfangsveränderungen sind generell kaum feststellbar.[18] Deutlicher gestaltet sich die Mutation bei den Jungen. Sowohl die Stimmfalten als auch der Schildknorpel nehmen an Größe zu. Da dieses Wachstum relativ unkoordiniert erfolgt, ist in der Hauptphase der Mutation keine geordnete Tongebung möglich. Der Tonumfang verlagert sich um etwa eine Oktave nach unten, wobei der Klang dieser neuen Männerstimme rau und belegt erscheint.[19] Generell handelt es sich um »einen Prozess von sehr natürlicher Dynamik, bei dem Reifung und Lernen in einem sehr engen Verhältnis stehen.«[20] Jun-

dafür sind unter anderem die verschiedenen Untersuchungsmethoden. Mohr spricht von der »Kinderoktave«, die mit den jeweiligen Erweiterungen nach oben und unten etwa bei f' bis f'' anzusetzen ist, vgl. Mohr: Kinderstimmbildung, 28.

16. Trüin: Singen beginnt im Kopf, 181 (Anm. 9). Diese grundlegend für das Kindergartenalter geltenden Beobachtungen sind bestimmt für spätere Erfahrungen mit dem Singen auch im Schulalter. Dort wurde beobachtet, dass die angestimmten Lieder von den Schülern häufig als zu hoch empfunden und daher abgelehnt wurden. Vgl. Bruhn. Singen und Erkennen, 288 (Anm. 6).

17. Vgl. Gembris: Befunde, 33 (Anm. 2).

18. Vgl. Mohr: Kinderstimmbildung, 29 (Anm. 15).

19. Vgl. Ebd., 30.

20. Thiel, Susanne: Die Mutation. Ein natürlicher Lernprozess – und wenn nicht?, in: Fuchs: Singen und Lernen, 173–181, 174 (Anm. 3).

gen erleben die Mutation in der Regel als Geschehen »nebenbei« und benutzen die Stimme auch während dieser Zeit in gewohnter Weise. Beim Singen allerdings kann es zu Situationen kommen, in denen sich Mutanten der Lächerlichkeit preisgegeben fühlen, hier ist deswegen eine gewisse Vorsicht geboten.

2. Singen mit Kindern und Jugendlichen heute

Wie deutlich wurde, ist das Singen von Kindern und Jugendlichen nicht losgelöst von seiner Entwicklungslinie im Lebenslauf zu betrachten. Es zeigt sich dabei, dass äußere Einflüsse erhebliche Auswirkungen auf Singmotivation und stimmliches Potential haben können, und dies von frühester Kindheit an. Insofern ist kaum verwunderlich, dass eine allgemein gesellschaftlich veränderte Singkultur auch hier erkennbar wird und sich in ambivalenter Art und Weise gestaltet. Einerseits muss man statistisch davon ausgehen, dass das Singen in Familien selten geworden ist,[21] häufig werden Eltern vom Gefühl geleitet, selbst nicht singen zu können. Andererseits existiert in breiter Fülle ein professionell aufbereitetes musikalisches Angebot bereits für Kleinkinder, und musikalische (Früh-) Förderung erfährt (bestimmte Bildungsschichten betreffend) ein intensives Engagement. Einerseits hängt der Stellenwert des Singens etwa in Kindergärten wesentlich von den Fachkräften ab, in deren Ausbildung der Umgang mit der eigenen Stimme und die Vermittlung von Kenntnissen der kindlichen Singstimme aber kaum eine Rolle spielen.[22] Andererseits wird versucht, mit verschiedenen Netzwerken und Bündnissen und der Veränderung der Curricula für Erzieherberufe das Singen mit Kindern zu fördern und seinem »Notstand« zu wehren.[23] Einerseits fällt schon in der Grundschule ein hoher Prozentsatz des Musikunterrichts aus oder wird von fachfremden Lehrkräften erteilt. Andererseits konnte bei einer Langzeitstudie an Berli-

---

21. Vgl. Göstl, Robert: Notstand Singen – ein pädagogisches Problem, in: Musik und Kirche 72 (2002), 87–91, 88.
22. Vgl. Brünger, Peter: Abreißende Traditionen: Daten zum Singen im Kindergarten, in: Musik und Kirche 75 (2005), 170–179, 174. In der Folge wird gerade in Kindergärten häufig zu tief angestimmt, was aus dem Singen leicht ein kollektives Brüllen machen kann.
23. Vgl. Göstl: Notstand Singen, 87f. (Anm. 21). Inzwischen hat sich sogar eine namhafte deutsche Drogeriekette der Förderung des Singens mit Kindern verpflichtet, vgl. Musik und Kirche 80 (2010), 5.

ner Grundschulen festgestellt werden: »Insgesamt überraschen und erfreuen die Singleistungen der Schulanfänger. [...] Trotz Medienpräsenz und verbreiteter Konsumhaltung haben Kinder das Singen noch nicht ganz verlernt.«[24]

Grundsätzlich wird das Stimmklangideal nicht mehr allein durch Vorbilder im persönlichen Umfeld, sondern durch Popularmusik und elektronische Medien geprägt. Dies hat zum einen Auswirkungen auf die Gestaltung des eigenen Singens und auf Musikpräferenzen und erschwert zum anderen das Erlernen eines Singens, das ursprünglich auf emotionalen Austausch angelegt ist (s. oben). Auch eine durch die Medien hervorgerufene Vorstellung des perfekten Singens kann sich hemmend auf den ungezwungenen Umgang mit der eigenen Stimme auswirken.

Mit zunehmendem Alter wird das Singen gerade im Kontext der Schule schwieriger, weil das Öffentlichmachen der eigenen Stimme als Eingriff in die Intimsphäre verstanden werden kann (s. oben). Die vielfältigen körperlichen Veränderungsprozesse können einen unbefangenen Umgang mit der eigenen Singstimme erschweren. Insbesondere bei männlichen Jugendlichen ist ein deutlicher Rückgang des Singens zu beobachten, was neben den entwicklungsbiologischen Ursachen (s. oben) auch auf kulturell-sozialisationstheoretischen Gründen basiert.[25] Dennoch sind Jugendliche in ihrer Lebenswelt so selbstverständlich von Musik umgeben, dass auch »in der viel gescholtenen Lautsprechermusik [...] für viele ein bemerkenswertes Singpotential«[26] steckt. Zwar geben sich Jugendliche dem Singen nicht mehr wie Kinder spielerisch und unter Umständen lang anhaltend hin, die Lust an der eigenen Erprobung ist jedoch durchaus existent.

Für das Singen mit Kindern und Jugendlichen gilt von daher, unter Rücksichtnahme auf gegebene physiologische, entwicklungspsychologische und gesellschaftliche Bedingungen zum Aufschließen der reichen Ressourcen des Singens anzuregen.

---

24. Bastian, Hans Günther: Musik(erziehung) und ihre Wirkung. Eine Langzeitstudie an Berliner Grundschulen, Mainz 2000, 223.
25. Vgl. Jost, Gesine: *Negro Spirituals* im evangelischen Religionsunterricht. Versuch einer didaktischen Verschränkung zweier Erfahrungshorizonte, Münster 2003, 32.
26. Behne, Klaus-Ernst: Das Innere und das Äußere des Sängers – Singen aus psychologischer Perspektive, in: Singen als Gegenstand der Grundlagenforschung, hg. von Heiner Gembris, Augsburg 1997, 13–36, 29.

3. Singen im Religionsunterricht der Grundschule

Das Singen als elementare Ausdrucksform christlichen Glaubens und als selbstverständliche kindliche Äußerung ist in grundlegender Weise noch kaum religionspädagogisch reflektiert worden. So lässt sich auch für den Bereich der Grundschule feststellen, dass das Singen zwar als methodisches Element des Unterrichts,[27] nicht aber als eigenständige Ausdrucksform betrachtet wird. Diese Festlegung macht das Singen von Liedern zu einem zweckgebundenen Geschehen, das Rituale festigen oder den Unterrichtsstoff textlich vertiefen soll. Natürlich kann das Singen eine solche Funktion übernehmen oder einen »Lernweg« beschreiben. In erster Linie ist es aber als zweckfrei, als von seinem Ursprung her ureigenstes menschliches Bedürfnis zu betrachten. Das Singen umfasst die Lebensgeschichte eines Menschen. Die Studie zum »Singen im Gottesdienst« belegt dies für die Gottesdienstbesucherinnen und -besucher. Die Bedeutung des Singens wird von der Mehrzahl der Befragten als »wichtig« oder »sehr wichtig« angegeben[28] und nimmt mit steigendem Lebensalter zu.

Für das Singen im Religionsunterricht ist daher zunächst der Begriff der »Aufschließungsarbeit« von zentraler Bedeutung. Obwohl es unter Umständen einiger Mühe bedarf, bietet das Singen hier (weil es im Gegensatz zum Musikunterricht keinen Bewertungsschemata unterliegt) die Chance, den Raum des ursprünglichen Bedürfnisses nach vokaler Äußerung und dem Singen zu öffnen und mit Leben zu füllen. Erst dort wird ein Zugang zu den vielfältigen Dimensionen des Singens auch in religiöser Hinsicht zu erwarten sein. Und erst dann kann von besonderem Interesse sein, inwiefern im Singen Inhalte des christlichen Glaubens vermittelt, tradiert und vertieft werden können und wo der Glaube vom Singen geprägt werden kann.

Das Singen als elementarer Bestandteil religiösen (Er-)Lebens gehört umso mehr auch in den Bereich des kindlichen Glaubens im Grundschulalter, als Kinder das Singen (bzw. den Sprechgesang) als grundlegende Form der Äußerung begreifen.

Für die Vermittlung religiöser Inhalte ist das Singen von Bedeutung, weil im häufigen Repetieren von Liedern deren Botschaft lebendig bleibt

---

27. Vgl. u. a. Hilger, Georg/Ritter, Werner H.: Religionsdidaktik Grundschule. Handbuch für die Praxis des evangelischen und katholischen Religionsunterrichtes, München 2006, 341f.
28. Auf die Frage: »Wie wichtig ist das Singen für Sie persönlich?« antworteten 42 % mit »sehr wichtig«, 43 % mit »wichtig«.

und ins Unterbewusste einfließt.[29] Hier erweist sich auch der dem religiösen Singen zugrunde liegende Ritualcharakter als relevant. Verstärkt wird dies dadurch, dass im Singen Sprache und Musik verbunden sind, dass also das religiöse Lernen nicht allein kognitiv, sondern auch emotional bestimmt und dadurch gefördert wird. Mit dem Singen ist dem Christentum als Wortreligion eine Möglichkeit gegeben, »sich [...] Vertonungen biblischer Texte, Gebete oder Kommentare anzueignen, sie zu memorieren, sie zu kauen und zu schmecken, sie sich auf der Zunge zergehen und sie in Kopf, Herz und Bauch hin- und herwandern zu lassen, sie (und damit sich) zu bewegen.«[30] Damit ist noch ein weiterer Aspekt benannt, der gerade auch für das kindliche Singen gilt: das Phänomen der Leiblichkeit (s oben). Kinder, die das Gesungene nicht nur verbalisieren, sondern in Bewegung, Tanz und körperlichen Ausdruck umsetzen, erfahren biblische und christliche Botschaft auf eine nicht durch Worte vermittelbare Weise. Die emotionale Komponente des Singens drückt sich hier in ganz besonderer Art aus, wird gleichsam körperlich fassbar und eröffnet so neue Zugänge zum Verstehen. Zudem lässt das Singen als Geschehen in Gemeinschaft gültige Gestaltung religiösen Lebens erfahren[31] und vermittelt die über das Individuum hinaus reichende ekklesiologische Dimension des Christseins.

Allerdings kann das Singen wie verdeutlicht nicht als ein isoliertes Mittel der Lehre betrachtet werden. Wie jedes religiöse Singen dient es nicht primär der Bildung von Glauben, sondern bildet auch Glauben ab, ist zugleich Ausdruck und Eindruck. Kinder haben ein zutiefst religiöses Empfinden, das Formen der Äußerung bedarf. Auch im kindlichen Singen kommt Gotteslob und Dank zum Klingen, wird Gebet und Klage formuliert. Auch hier handelt es sich um ein Geschehen des Redens und Angeredetseins. Dabei können Kinder noch stärker als Erwachsene das »Kauen und Schmecken« der christlichen Botschaft als bewussten, leiblichen Vorgang des konkreten Augenblicks verinnerlichen und damit, wiederum un-

---

29. Vgl. Schweizer, Rolf: Musik als Medium religiöser Erziehung im Leben des Kindes, in: Wenn dein Kind dich fragt ... Erzieherische Kompetenz und religiöse Erziehung in der Familie (= Herrenalber Protokolle: Schriftenreihe der Ev. Akademie Baden, Bd. 112), Karlsruhe 1996, 116–135, 125.
30. Kirschbaum, Christa: Singen in der Gemeinde als Bildungsarbeit, in: Kirchenmusik als religiöse Praxis: Praktisch-Theologisches Handbuch zur Kirchenmusik, hg. von Gotthart Fermor und Harald Schroeter-Wittke, Leipzig 2005, 199–205, 201.
31. Vgl. Schweizer, Rolf: Singen im Religionsunterricht der Grundschule, in: Musik in Schule und Gemeinde. Grundlagen – Methoden – Ideen, hg. von Peter Bubmann und Michael Landgraf, Stuttgart 2006, 265–275, 265.

bewusst, einen Vorrat an Glaubenssätzen, Gottesbildern und religiösen Erfahrungen aufnehmen.

Es ist lohnenswert, dies mit fachdidaktischen Zielen für den Religionsunterricht der Grundschule in Beziehung zu setzen. Für die »Entdeckung, ›Entwicklung‹ und Pflege eigener Religiosität«,[32] für das »Lernen als Christ zu leben«[33] oder die »Schulung in der Sprache der Religion«[34] ist das Singen als eine elementare Grundlage anzusehen (s. oben). Eine solche Verknüpfung verdeutlicht den grundlegenden Charakter des Singens und erschließt seine Berechtigung für den Religionsunterricht.

Erst von hier aus lassen sich dann methodische und praktische Überlegungen anstellen. Für das Singen in der Grundschule sind dabei zunächst musikpädagogische Aspekte bedeutsam. Wie oben beschrieben, erfährt das kindliche Singen im Grundschulalter eine Veränderung dahingehend, dass es stärker ergebnisorientiert, weniger spontan und unter Umständen mit ersten schamhaften Gefühlen behaftet ist. Dennoch gilt für das Singen in den ersten Schuljahren, dass die Kinder singen, wenn man sie singen lässt.[35] Kinder im Grundschulalter sind durchaus für das Singen zu begeistern, noch immer ist es ein »elementarer Lebensbestandteil und Teil ihres Spielens«[36] wobei die geschlechtsspezifischen Unterschiede gesondert zu betrachten wären. Was den Ambitus und die Singerfahrung angeht, lassen sich starke Unterschiede zwischen den einzelnen Schülern beobachten, die den Gruppengesang erschweren können. Das Aufschließen kann hier durch behutsames Vorgehen, Vorsingen, häufiges Wiederholen, einstimmiges Singen, Bewegung, Raum für Spontaneität, Sprechgesang und Sing-Spiel geschehen. Nicht geringzuschätzen ist die Singbegeisterung der Lehrer und Lehrerinnen, vollzieht sich das Singenlernen doch wesentlich als ein Geschehen zwischen Kind und Bezugsperson. Rolf Schweizers »dialogisierendes Liederlernen«[37], das Auge und Ohr zugleich einbezieht, kann hier seine Berechtigung erhalten. Aus musikalischer Sicht ist darauf zu

---

32. Hilger/Ritter: Religionsdidaktik, 63 (Anm. 27).
33. Grethlein, Christan/Lück, Christhard: Religion in der Grundschule. Ein Kompendium, Göttingen 2006, 120.
34. Ebd., 123.
35. Bastian: Musik(erziehung), 424 (Anm. 24). Bastian konnte nachweisen, dass etwa »Nachsingleistungen der Kinder sich bereits im 1. Schuljahr deutlich verbessern, wenn man sie nur singen lässt.«
36. Münden, Gerd-Peter: Singen mit Grundschulkindern, in: Musik und Kirche 75 (2005), 186–189, 186.
37. Schweizer: Singen, 268 (Anm. 31).

achten, dass die Schüler weder unter- noch überfordert werden. Kinder im Grundschulalter sind durchaus in der Lage, unter guter Anleitung auch anspruchsvolle Melodieverläufe zu erlernen.

Für die Auswahl von Liedern spielen musikalische und thematische Faktoren gleichermaßen eine Rolle. Eine bildreiche Sprache, die dem kindlichen Denken in Bildern entspricht, nimmt den Erlebnishorizont des Kindes auf und greift mit ihrer Ausrichtung auf Erfahrungen des Glaubens zugleich darüber hinaus. Deshalb können im Lied existentielle Empfindungen wie »Angst« oder »Geborgenheit« ebenso thematisiert werden wie die Gestalt des Jahreslaufes, den Kinder sehr bewusst erleben, Gottes Schöpfung oder das Verhalten dem Nächsten gegenüber. Wie für die Musik gilt es allerdings auch hier, es nicht allein bei scheinbar »kindgemäßen« Texten zu belassen. Grundschulkindern ist durchaus das Singen eines Chorals in lebensnaher Gestaltung zuzumuten. Die Studie »Singen im Gottesdienst« legt eine Berührung mit gottesdienstlichen, insbesondere traditionellen Liedern von Kindheit an nah: Die Freude am Singen wird nämlich deutlich durch die Bekanntheit eines Liedes gefördert.[38] Wo aber ließe sich besser auch mit dem Lernen von Chorälen experimentieren als im Religionsunterricht der Grundschulzeit, in der Kinder für viele Musikstile offen sind?

Es bietet sich mit dem Singen im Religionsunterricht der ersten Schuljahre jedenfalls die Chance, gelebten und gelehrten Glauben miteinander zu verbinden und in existentieller (Ausdrucks-)Form zum Kind in Beziehung zu setzen.

4. Singen mit Jugendlichen in der Sekundarstufe I und im Konfirmandenunterricht

Musik ist ein wichtiger Bestandteil der Jugendkultur. In der Studie zum Singen im Gottesdienst gaben 94,5 % der Befragten zwischen zwölf und 15 Jahren an, Musik sei für sie wichtig oder sehr wichtig. Musik gehört zum Leben von Jugendlichen dazu. Vom eigenen Singen lässt sich das nicht ohne weiteres sagen. Singen ist laut der Studie zwar für 64 % in dieser

---

38. »Die Ergebnisse der Frage ›Wann fällt das Singen leicht?‹ bzw. ›Wann nicht?‹ können mit wenigen Worten zusammengefasst werden. Das Singen fällt dann leicht, wenn das Lied gefällt und wenn das Lied einem bekannt ist.«

Altersgruppe wichtig oder sehr wichtig, innerhalb der Gesamtstichprobe gaben dies jedoch sogar 85,7 % der Befragten an. Besonders bei denjenigen, die Singen als sehr wichtig bezeichneten, wird der Unterschied zwischen der gesamten Stichprobe und den Jugendlichen deutlich: Von der Gesamtstichprobe der Gottesdienstbesucher gaben das 42,3 % an, bei den Jugendlichen zwischen 12 und 15 Jahren nur 22,8 %. Im Gegensatz zum Grundschulalter, in dem Singen noch als »elementarer Lebensbestandteil« bezeichnet werden kann (s. oben), und im Verhältnis zu den älteren Generationen gilt es als besonders schwierig, mit Jugendlichen zu singen.[39] Offensichtlich stellen sich viel Lehrer dieser Schwierigkeit gar nicht erst: Nur 41,3 % der 12- bis 15-Jährigen gaben bei der Studie zum Singen im Gottesdienst an, in der Schule – den Musikunterricht eingeschlossen! – zu singen.

Die oben geforderte »Aufschließungsarbeit« wird also heute zumindest in weiterführenden Schulen nur unzureichend geleistet. Gerade im Hinblick auf die Veränderungen der Stimme und auch auf die psychische Verfassung in diesem Alter ist dies ein Missstand. Zusammen mit der (Wieder-)Entdeckung des angeborenen menschlichen Bedürfnisses birgt Singen in der Religionspädagogik für Jugendliche verschiedene Chancen.

Singen kann als Hilfe zur Selbstentfaltung und als Bewältigungsstrategie dienen. Positive wie negative Emotionen können durch Singen verarbeitet werden; bei seelischer oder körperlicher Erschöpfung kann durch Singen Energie gewonnen werden; Singen regt zur Selbstreflexion an; Singen kann Auswirkungen auf die Persönlichkeitsentwicklung haben.[40] Menschen, die regelmäßig singen, haben etwa ein stabileres Selbstvertrauen, sind hilfsbereiter, sind insgesamt physisch und psychisch gesünder und bewältigen die Aufgaben des Lebens besser.[41] Anders formuliert: Singen trägt zur *Ich-Stärkung* bei, einer Aufgabe religiöser Erziehung.[42] In der Pubertät entstehen oft Scham und Hemmungen,

---

39. Vgl. Bubmann, Peter/Landgraf, Michael: Musik in der religionspädagogischen Praxis – eine Übersicht, in: Musik in Schule und Gemeinde, 13–51, 15 (Anm. 31).
40. Vgl. Karl Adamek: Singen als Lebenshilfe. Zu Empirie und Theorie von Alltagsbewältigung, Münster/New York 1996, 84f und 186ff.
41. Vgl. ebd., 186ff.
42. Vgl. Ziebertz, Hans-Georg: Warum die religiöse Dimension der Wirklichkeit erschließen?, in: Religionsdidaktik. Ein Leitfaden für Studium, Ausbildung und Beruf, hg. von Georg Hilger, Stephan Leimgruber und Hans-Georg Ziebertz, München ²2003, 107–122, 116.

wohingegen das Selbstwertgefühl eher sinkt; die Gefühlswelt von Jugendlichen ist für sie selbst neu. Hilfen zur Selbstentfaltung und zur Bewältigung von Emotionen sind also in diesem Alter besonders wichtig.

Singen wirkt nicht nur auf der individuellen Ebene. In einer Schulklasse als so genannter Zwangsgruppe (die Schülerinnen und Schüler müssen anwesend sein) kann durch gemeinsamen Gesang der Zwangscharakter gemindert werden. Singen als emotionale Äußerung kann als »Akt emotionaler Identifikation«[43] verstanden werden: die Singenden binden sich auf der Gefühlsebene an die Gruppe. Gemeinschaft, das *Wir-Bewusstsein* der Gruppe, kann gestärkt werden.[44] Außerdem kann gemeinsames Singen die Vielfalt der Gruppe im wahrsten Sinne des Wortes zum Ausdruck bringen. Beim gemeinschaftlichen Singen wird der Andere akustisch wahrgenommen; durch seine individuelle Stimme trägt jeder zum Gesamtklang bei, der durch die Vielfalt in der Gruppe entsteht. Nicht nur über den Gehörsinn, sondern auch auf der emotionalen Ebene kann im Singen das Gegenüber in seiner Einzigartigkeit wahrgenommen werden.

Besonders deutlich wird diese Eigenschaft des Singens, wenn dabei bewusst eine Auseinandersetzung mit dem Eigenen und dem Fremden stattfindet. Im Lehrplan ist aufgeführt, dass Schüler im Religionsunterricht Andersartigkeit wahrnehmen und akzeptieren lernen sollen.[45] Musik kann diese Andersartigkeit in Bezug auf Milieus, Alter, kulturellen und religiösen Hintergrund sichtbar und durch Singen auch in besonderer Weise erfahrbar machen.

Wird Jugendlichen im Kontext des Religions- oder Konfirmandenunterrichts die Möglichkeit gegeben, Singen für sich zu entdecken, kann dies speziell positive Effekte auf die Entwicklung der individuellen Religiosität haben.

Noch in der Mitte des 20. Jahrhunderts gehörte es zur Ausbildung von Religionslehrern dazu, Lieder aus dem Gesangbuch singen, anleiten und begleiten zu können.[46] Das ist heute nicht mehr so. Im Lehrplan wird je-

---

43. Klusen, Ernst: Singen. Materialien zu einer Theorie, Regensburg 1989, 171.
44. Vgl. Ebd., 175.
45. Vgl. u.a. Richtlinien und Lehrpläne für die Sekundarstufe I – Gesamtschule in Nordrhein-Westfalen. Evangelische Religionslehre, hg. vom Ministerium für Schule und Weiterbildung, Wissenschaft und Forschung des Landes Nordrhein-Westfalens, Frechen 1999, 42.
46. Vgl. Bubmann/Landgraf: Musik, 44 (Anm. 39).

doch das Kennen von Liedern als Begegnung mit den Zeugnissen des Glaubens als eine zu erreichende Kompetenz im Religionsunterricht der Sekundarstufe I genannt.[47] Wenn Jugendliche die Lieder nicht nur kennen, sondern auch selbst singen und somit sinnlich erleben, kann der Zugang zu verschiedenen kirchengeschichtlichen Themen erleichtert werden. Auch kann sich durch das eigene unmittelbare Beteiligtsein und die ganzheitliche Erfahrung die Bedeutung von gesungenen Texten erschließen. Durch Melodien eröffnen sich neue Perspektiven auf einen Text, der Sinn religiöser Sprache kann durch Musik erfahrbar und erweitert werden.[48] Andersherum können die Schüler selbst ihre Visionen und Gefühle möglicherweise leichter in einer Kombination von Text und Musik ausdrücken. Religiöse und allgemeine Ausdrucksfähigkeit, die über die Sprache hinausgeht, wird auf diese Weise geschult.

Im Lehrplan wird das Kennenlernen verschiedener literarischer Formen der Bibel gefordert. In Bezug auf Psalmen wird deutlich, dass dies zum Teil nur durch die Methode des Singens sinnvoll umzusetzen ist: Psalmen wurden als Lieder *ver*fasst und können deshalb auch nur singend sinnvoll *er*fasst werden. Indem man einen Psalm singt, bekommt man einen anderen, erweiterten Zugang zu seinem Inhalt und zu seiner Bedeutung.

Eine besondere Rolle kann gemeinsames Singen in der Religionspädagogik im Hinblick auf interkonfessionelles und interreligiöses Lernen haben. Lieder und Gesänge gehören zu den wichtigsten christlichen Ritualen und haben auch in anderen Religionen und Kulturen einen hohen Stellenwert. Sie eigen sich besonders gut, um eigene und fremde Ausdrucksformen kennen zu lernen und zu vergleichen. Durch das Erleben fremder Rituale kann ein Gespür für die andere Religion entwickelt werden. Aber auch Gemeinsamkeiten werden im Singen deutlich: Protestanten und Katholiken singen zum Teil identische Lieder. Bei ökumenischen (Schul-) Gottesdiensten machen das gemeinsame Aussuchen und Singen dieser Lieder die Gemeinschaft aller Christen erfahrbar. Das Singen von Psalmen ist eine Möglichkeit, sich der jüdischen Wurzeln des Christentums bewusst zu werden.[49]

---

47. Vgl. Ministerium: Richtlinien, 42 (Anm 45).
48. Vgl. Christa Reich: Evangelium: Klingendes Wort. Zur theologischen Bedeutung des Singens, Stuttgart 1997, 19 und Klaus König: Mehr als Worte sagt ein Lied. In: Katechetische Blätter 130 (2005), 400–406, 400ff.
49. Vgl. Ebd., 46.

Die genannten unterschiedlichen Dimensionen des Singens mit Jugendlichen in Bezug auf die Religionspädagogik (die noch erweiterbar sind) bestätigen, dass es auch in der Sekundarstufe I wichtig ist, Schülern Freiräume zu ermöglichen, das Singen für sich zu entdecken.

Diese gute Absicht ist jedoch mit Problemen behaftet. Viele Menschen empfinden das Singen während ihrer Schulzeit als Zwangssituation.[50] Erzwungenes Singen allgemein und unangenehme Erfahrungen mit dem Singen in der Schule im Speziellen wirken sich negativ auf das Singverhalten und die Einstellung zum Singen im Erwachsenenalter aus.[51] Damit wäre die »Aufschließungsarbeit« nicht nur nicht erfolgt, sondern die Bemühungen hätten das Gegenteil bewirkt: Den Jugendlichen würde der Weg zur Ausdrucksform Singen ein Stück weit verschlossen werden.

Beim Singen mit Jugendlichen im Religionsunterricht (und auch im Konfirmandenunterricht) sollten deshalb einige Problemfelder im Vorfeld bedacht werden.

Jugendliche im Alter der Sekundarstufe I haben in Bezug auf Musik besondere Eigenschaften. In den Ergebnisse der Studie »Singen im Gottesdienst« zeigt sich: Pop- und Rockmusik wird von den 12- bis 15-Jährigen bevorzugt[52] – das ist keine Überraschung. Mit Hilfe von bestimmten musikalischen Vorlieben grenzen sich die Peergroups in diesem Alter stark von traditionellem Liedgut, aber auch von einander ab. Oft entsteht ein regelrechter – allerdings meistens nur temporärer – Fankult; bestimmte Musiker und Bands werden verehrt, andere konsequent abgelehnt.[53] Castingshows, in denen Gesangstalente gesucht werden, haben in dieser Altersgruppe viele Zuschauer; Zehntausende junger Menschen bewerben sich für das öffentliche Vorsingen. An dieses (wenn auch konsumorientierte) Interesse am Gesang anderer und vielleicht auch an den Traum, selbst einmal dort zu singen, kann angeknüpft, es sollte jedoch gegebenenfalls ebenfalls kritisch reflektiert werden.

Karl Adamek nennt auf dem Weg zu einer »Erneuerten Kultur des Singens« drei notwendige Voraussetzungen: Freiwilligkeit, Begeisterung und

---

50. Vgl. Adamek: Singen, 127 (Anm. 40).
51. Vgl. Ebd., 105f. und 126f.
52. 89 % der 12- bis 15-jährigen Gottesdienstbesucher innen und -besucher mögen Pop- und Rockmusik sehr gerne oder gerne (zum Vergleich: Klassische Musik 22,9 %; Jazz 36 %; Volksmusik/ Schlager 4 %).
53. Vgl. Bubmann/Landgraf: Musik, 14f (Anm. 39).

Freiräume.[54] In der Religionspädagogik Freiräume für Erfahrungen in Bezug auf die eigene Stimme und eigenes Singen zu schaffen, sollte unser Anliegen sein.

Die Bedingung der Freiwilligkeit ergibt sich daraus, dass Singen unter Zwang in jungem Alter sich negativ auf die Einstellung zum Singen im Erwachsenenalter auswirkt (s. oben).

Die Berücksichtigung von Freiwilligkeit ist im Kontext Schule jedoch nicht einfach. Natürlich kann ein Pädagoge Jugendlichen gegenüber betonen, dass das Mitsingen aus freien Stücken erfolgen soll. Doch wie kann man garantieren, dass die Jugendlichen *wirklich* freiwillig singen und nicht aus Gruppenzwang oder weil sie einen guten Eindruck beim Lehrer hinterlassen wollen? Fakt ist, dass ein großer Teil der von Karl Adamek Befragten angab, in der Schule unter Zwang gesungen zu haben.[55] Der natürliche Zwangscharakter der Gruppe kann nicht vollständig eliminiert werden. Dieses Problem muss erkannt und berücksichtigt werden.

Für ungezwungenes Singen sind eine Vertrauensbasis und eine positive Atmosphäre innerhalb der Gruppe wichtig; diese herzustellen und zu beurteilen, ist wiederum sicherlich nicht immer einfach. Die Emotionen der Schüler, die beim Singen entstehen oder verstärkt werden, müssen ernst genommen werden. Daneben trägt zum freiwilligen Singen eine individuelle Motivation und Vorbereitung auf das Lied sowie eine angemessene Begleitung bei. Gerade ungeübten Singern bietet eine musikalische Begleitung Orientierung und kann helfen, Hemmungen abzubauen.[56]

Erst wenn Freiwilligkeit gegeben ist, kann auch Begeisterung entstehen.

Die Liedbegleitung führt zu einem weiteren Problem hin: Religionslehrer sind heute zumeist nur unzureichend dafür qualifiziert, Lieder anzuleiten und zu begleiten. Das Spielen eines Begleitinstruments können unter Umständen Schüler übernehmen, zur Not ist ein CD-Player einsetzbar. Haben die Lehrer jedoch selbst Hemmungen zu singen, wird das motivierende Anleiten der Jugendlichen problematisch und frustierend. Insgesamt werden die Kompetenzen, die zum Singen mit Jugendlichen

---

54. Vgl. Adamek: Singen, 323 (Anm. 40).
55. Vgl. Ebd., 127.
56. Vgl. Cramer, Colin: Singen mit Jugendlichen, in: Bubmann/Landgraf : Musik in Schule und Gemeinde, 295–306, 299 (Anm. 31).

notwendig sind, oft unterschätzt.[57] Colin Cramer hält deshalb Grundkennt-
nisse in Bezug auf Stimmbildung und die richtige Körperhaltung für alle
Pädagogen für erforderlich, die mit Kindern und Jugendlichen singen
wollen.[58]

Wie oben erwähnt, kann der Prozess der Mutation gerade bei Jungen
verunsichernd sein und so ungezwungenes Singen hemmen. Ebenso ver-
unsichert kann sich ein so genannter Brummer beim Singen in der Gruppe
fühlen. Religionspädagogen stellt sich hier die Aufgabe, auch diese Jugendlichen zu berücksichtigen und zu integrieren, damit negative Erfahrungen
möglichst vermieden werden.

Essentiell für gelingendes Singen im Unterricht ist die Liedauswahl. Wie
auch bei jüngeren Kindern müssen Inhalt und Singbarkeit altersgerecht
sein. Für die Jugendlichen sollte transparent sein, wie das Gesungene in
den unterrichtlichen Kontext eingebunden ist. Jugendliche präferieren Pop-
und Rockmusik. Deshalb nur auf moderne Lieder zurückzugreifen ist jedoch ein Trugschluss. Einerseits ist der Einsatz von populärer Musik natürlich sinnvoll, weil die Lebenswelt der Schüler tangiert wird. Andererseits
kann er von Jugendlichen als Eindringen in ihre persönlichen Bereiche
gedeutet werden und der Lehrer anbiedernd wirken. Die Musik der Jugend-
kulturen ist nicht zwangsläufig ein Schlüssel zu den Jugendlichen selbst.[59]
Choräle und traditionelle Kirchenlieder sind den Jugendlichen heute zumeist fremd. Da aber gerade diese aufgrund ihrer starken inhaltlichen
Sättigung viel über den Glauben und dessen Geschichte mitteilen können,
sollten sie in der Religionspädagogik berücksichtigt werden, auch wenn es
schwierig erscheint, Jugendliche für diese Musik zu begeistern.[60]

Zuletzt muss sich der Pädagoge selbst seiner musikalischen Sozialisa-
tion bewusst werden und eine Distanz zu den eigenen Vorlieben entwickeln. Andernfalls besteht die Gefahr, dass er an einem einseitigen Repertoire festhält.[61]

Die Erfahrung der Fremdheit musikalischer Räume und die damit ver-
bundenen Schwierigkeiten können für Jugendliche und Lehrende problematisch sein – gerade weil davon ausgegangen werden muss, dass Singen

---

57. Vgl. Ebd., 301.
58. Vgl. Ebd., 299.
59. Vgl. Schoberth, Ingrid: Kirchenmusik in Konfirmanden- und Jugendarbeit, in: Fermor/Schro-
    eter-Wittke: Kirchenmusik als religiöse Praxis. 194–199, 194 (Anm. 30).
60. Vgl. Ebd., 196f.
61. Vgl. Cramer: Singen, 303 (Anm. 56).

und das Entdecken der eigenen Stimme keine Selbstverständlichkeit ist. Noch problematischer wäre es jedoch, den Jugendlichen die Erfahrung, in diesen musikalischen Räumen Formen gelebten Glaubens kennen zu lernen, nicht zu ermöglichen.[62]

---

62. Vgl. Schoberth: Kirchenmusik, 197f. (Anm. 59).

Ausflüge ins »hör Reich«
Gemeindegesang und Konzertpädagogik

Bernhard König

Wie die Orgelpfeifen reihen sie sich aneinander (vgl. Abb. 21, S. 47):
Unterschiedlich gefärbte Balken, deren Höhe von links nach rechts teils
zu-, teils abnimmt. Die Balken stehen für die bevorzugten Liedarten von
Gottesdienstbesuchern unterschiedlichen Lebensalters. Ganz rechts, bei
den über 80jährigen, ein hoher schwarzer Balken: Hier ist der Beliebt-
heitsgrad des traditionellen Chorals am größten. Je jünger die Befragten,
desto beliebter werden neuere, fremdsprachige Gemeindelieder; bei den
jüngsten Teilnehmern der Umfrage ist der »Choral-Balken« nur noch
halb so groß wie bei den ältesten. Es bedarf keiner großen Phantasie,
um sich auszumalen, dass sich das Bild der Musik- und Liedpräferenzen
in 20, 30 Jahren drastisch verändert haben wird: Der Musikgeschmack
der jetzt unter 50-Jährigen wird das gesamte Bild prägen. Jene ausge-
wachsenen Balken hingegen, die eine besondere Choral-Vorliebe der
Älteren symbolisieren, werden aus dem rechten Bildrand hinaus ins
Jenseits gewandert sein: Wenigstens die himmlische Liturgie bleibt noch
für geraume Zeit klassisch.

Konzertpädagogik und Kirchenmusik als natürliche Verbündete

Was tun angesichts solcher Prognosen? Am überlieferten Kernbestand
des Gesangbuches festhalten, auch wenn ihm zunehmend die Basis verloren zu gehen droht? Oder sich in Liedauswahl und Kirchenmusikeraus-
bildung an die musikalischen Präferenzen kommender Generationen
anpassen? Fragen, mit denen die Kirchenmusik nicht alleine dasteht.
   Traditionspflege oder stilistische Neuausrichtung? Für Orchester,
Opernhäuser und klassische Konzerthäuser ist das keine ernsthafte Al-

ternative. Von demographischen Verschiebungen und Abwanderungsbe-
wegungen ihrer Hörerschaft sind sie mindestens so stark betroffen wie
die Kirchenmusik. Weil sich aber das Cello nicht mal eben gegen den E-
Bass eintauschen lässt, kann es bei ihnen nur eine Überlebensstrategie
geben: Zugänge schaffen. Interesse wecken. Positive Begegnungen ermöglichen. Das eigene musikalische Repertoire und Wertesystem offensiv einem jungen Publikum nahe bringen. Während vielerorts Orchester
ums Überleben kämpfen, Stellen gestrichen und Etats eingefroren oder
gekürzt werden, boomt die Konzertpädagogik. Kaum noch ein großer
Konzertveranstalter, der sich keine festangestellten oder von außen engagierten Konzertpädagoginnen und Konzertpädagogen leisten würde.
Kaum ein Orchester oder Opernhaus, das nicht versuchen würde, mit
allerlei Spezialprogrammen und Projekten das junge »Publikum von morgen« an sich zu binden.

Nicht nur die Ausgangssituationen ähneln sich, auch die innere Ver-
wandtschaft ist groß. Kirchenmusik verbindet seit jeher konzertante und
pädagogische Elemente; mit Fug und Recht kann die Arbeit der Chöre und
Posaunenchöre hierzulande als älteste, erfolgreichste und nachhaltigste
Form von »Musikvermittlung« gelten. Zudem bieten immer mehr Gemeinden Orgelführungen und Gesprächskonzerte für Kinder an und auch in
der Aus- und Weiterbildung für hauptamtliche Kirchenmusiker beginnen
sich konzertpädagogische Elemente zu etablieren: Bereits seit 2002 wird
in Bayreuth »Kirchenmusikpädagogik« gelehrt, in jüngerer Zeit bieten
einige Bundesakademien für kulturelle Bildung konzertpädagogische Zu-
satzqualifikationen an.

Doch trotz aller vielversprechender Berührungspunkte: Gezielter Austausch, gezielte Kooperationen zwischen kirchlichen Musikvermittlern und
ihren Kollegen aus dem säkularisierten Konzertbetrieb sind, zumal beim
Thema »Singen in der Gemeinde«, weiterhin äußerst rar. Man bleibt unter
sich und übersieht, wie viel sich beiderseitig voneinander lernen ließe.

Die Kultur des Gemeindegesangs könnte vom praktischen Erfahrungs-
schatz und Know-how der Konzertpädagogen profitieren, von in jahrelan-
ger Praxis ausgeklügelten Vermittlungsstrategien und von einem mitunter
erfrischend respektlosen Umgang mit ehrwürdigen Denkmälern der Ton-
kunst. Zehn bis fünfzehn Jahre Überlebenskampf einer ehedem vollsub-
ventionierten musikalischen Hochkultur hatten auch ihr Gutes: Der Wachs-
tumssektor »Musikvermittlung« hat neue, reizvolle Tätigkeitsfelder und
Spielwiesen entstehen lassen, die viele Kreative aus den Übezimmern und

Komponierstübchen nach draußen an die frische Luft gelockt haben. Es ist eine überaus innovationsfreudige und zunehmend gut vernetzte Szene von Pädagogen, Musikerinnen, Komponisten und Klangkünstlerinnen, die sich hier betätigt. Den meisten von ihnen liegt die Qualität und Aufrichtigkeit der Begegnung mit ihren jugendlichen Klienten sehr viel mehr am Herzen als ästhetische Dogmen oder die künftigen Besucherzahlen ihrer Auftraggeber. »Wie überwindet man die Sing-Hemmungen von Teenagern?« »Wie integriert man notorische Klassenkasper in einer konzentriert musizierende Gruppe?« »Wie weckt man Begeisterung und Neugierde für eine ganz und gar fremde Musik?«. In der Gestaltung von Kompositionsworkshops für Schulklassen oder inszenierten Kinderkonzerten sind solche Fragen das tägliche Brot.

Die Konzertpädagogik umgekehrt könnte sich in vielerlei Hinsicht das Modell der singenden Gemeinde zum Vorbild nehmen. Sie könnte den Wert einer beharrlichen lokalen Basisarbeit zu schätzen lernen, statt rastlos von einem Event-Strohfeuer zum nächsten zu eilen. Sie könnte sich den Wert einer organisch gewachsenen »Gemeinde«, den Wert von Ritualen, Repertoirebildung und zyklisch wiederkehrenden Themen vor Augen führen lassen, statt einseitig auf hohes Innovationstempo und hohe Reichweiten zu setzen. Und sie könnte in der Kirche einen Ort entdecken, an dem Singen nicht einfach bloß Freizeitbeschäftigung, Musik nicht einfach bloß ein austauschbares und beliebig zitierbares »Material« ist, sondern an dem beides hochgradig mit Bedeutung aufgeladen, mit Glaubensaussagen und existentiellen Lebensthemen verknüpft ist. Einen Ort, an dem so engagiert, so bewusst und so ernsthaft gemeinsam gesungen und gemeinsam zugehört wird wie nirgends sonst.

Die Unnahbarkeit überwinden

Demographie allein erklärt nicht alles. Manche Entwicklung ist auch hausgemacht – im Konzertsaal ebenso wie in der Kirche. Mehr noch als beim Singen selbst, wird dies in der Paderborner Studie an den zurückgehenden Sympathiewerten der Orgel deutlich. Es will bei unbefangener Betrachtung nicht recht einleuchten, warum ausgerechnet eine solch vielseitige und farbige Klangmaschine bei Kindern und Jugendlichen unbeliebt sein soll. Die Gründe dürften nicht im Instrument selbst, sondern anderswo zu suchen sein. Jahrhunderte lange christliche Ideologisierung als »König aller

Instrumenta«[1] und »Vorschmak des ewigen Lebens«[2], als »Opfertisch«[3] und »Atem der Schöpfung«[4] haben die Orgel zu einem unnahbaren Instrument gemacht. Was die kirchliche Innenarchitektur an Distanz vorgibt, wird nur zu oft durch eine gottesdienstliche Praxis bestätigt, die vorauseilend alles »Jugendliche« an Keyboards, Gitarren und Klavier delegiert und das einstige High-Tech-Instrument Orgel in die konservative Schmollecke verweist.

Welche Chancen ein unvoreingenommener Zugang zu diesem Instrument bereithält, hat 2008 das Kinderorgelprojekt des Stuttgarter Kulturmanagers und Konzertpädagogen Christian Zech gezeigt. Über vier Monate hinweg erfanden, konstruierten und bauten 250 Stuttgarter Grundschulkinder eigene Orgeln: Phantasievolle Gebilde aus Flaschen und Filmdöschen, Eisenstangen und Legosteinen, Blasebälgen und Blockflöten, einer Murmelbahn und einem Planschbecken mit Wasserkanistern. Die Schüler und ihre Lehrer wurden von professionellen Musikerinnen und Musikern mit Workshops, Schulbesuchen und Exkursionsangeboten betreut, Besuche beim Orgelbauer rundeten das Projekt ab. Am Ende kamen die selbstgebauten Instrumente zusammen mit der großen Mühleisenorgel der Stuttgarter Stiftskirche in einer 25minütigen Abschlusskomposition zum Einsatz. Angesichts der personellen und finanziellen Ressourcen, die hier zum Einsatz kamen, fällt es zunächst schwer, sich eine solche Arbeit anders denn als vollsubventioniertes und singuläres Leuchtturm-Projekt vorzustellen. Zieht man aber in Rechnung, wie viel Identifikation, Interesse und Respekt für die Orgel hier geweckt wurde, dann würde sich gewiss das Nachdenken darüber lohnen, ob das, was hier als Prototyp entwickelt wurde, künftig nicht auch auf breiterer Basis denkbar ist.

Aber lässt sich ein solches »*Do-it-yourself*-Verfahren« auch auf alte Kirchenlieder übertragen? Dass durch eigene spielerische und forschende Aktivität ein hohes Maß an Akzeptanz für eine bereits existierende, fremde Musik geweckt werden kann – diese Erfahrung bestätigt sich in schöner Regelmäßigkeit überall dort, wo Kinder und Jugendliche die Gelegenheit

---

1. Michael Praetorius (1619), zit. nach: Eggebrecht, Hans Heinrich: Orgel und Ideologie. Orgelschrifttum des Barock, in: Orgel und Ideologie, hg. von Hans Heinrich Eggebrecht, Murrhardt 1984, 13–27, 21.
2. Johann Arnd (1678/79), zit. nach: Siegele, Ulrich: Die Orgel als Symbol, in: Ebd., 78–89, 87.
3. Rudolf Quoika (1958), zit. nach: Reichling, Alfred: Zwischen Dogmatismus und Pluralismus. Zur ideologischen Situation im Orgelbau nach dem Zweiten Weltkrieg, in: Ebd., 158–184, 168.
4. Wolfgang Metzger (1971), zit. nach: Ebd., 167.

erhalten, in konzertpädagogischem Rahmen selbst zu »komponieren«. Mit »Noten schreiben« im herkömmlichen Sinn hat dies in den seltensten Fällen zu tun. Am Beginn eines solchen schöpferischen Gruppenprozesses steht häufig die spielerische Sensibilisierung für Klang, Rhythmus, genaues Hinhören oder musikalisches Interagieren. Konkrete Arbeitsaufträge geben den Anstoß zu ersten Improvisationen, die anschließend im Dialog zwischen Workshopleiter und Schulklasse weiterentwickelt, zugespitzt und verfestigt werden. Auch ohne schriftliche Partitur entsteht so ein verbindlicher Ablauf, in dem jeder Spieler den eigenen Part und seine musikalische Bedeutung für das Gesamtgefüge kennt.

Das mittlerweile schon »klassische«, seit den 1980er-Jahren vielfach praktizierte und bewährte Standardmodell einer solchen handlungsorientierten Musikvermittlung stammt ursprünglich aus England und trägt den Namen »Response«. Die Schülerkompositionen stehen hier nicht für sich, sondern beziehen sich inhaltlich auf ein bereits existierendes Werk des 20. oder 21. Jahrhunderts, das den Schülern selbst jedoch anfangs noch unbekannt ist. Erst wenn sie ihr eigenes Stück zur Aufführung gebracht haben, werden sie – gewissermaßen »auf Augenhöhe« – mit dieser Komposition eines professionellen Kollegen konfrontiert. Da kann es dann schon einmal passieren, dass Kinder einer Grundschulklasse begeistert, voller gespannter Neugierde und mit gespitzten Ohren, in der Philharmonie ein zeitgenössisches Orchesterstück von Helmut Lachenmann verfolgen – während ihre Eltern verstört daneben sitzen und die Welt nicht mehr verstehen. So geschehen bei einem Kölner *Response*-Projekt – und eine Viertklässlerin hatte anschließend auch eine sehr einleuchtende Erklärung dafür parat: »Na klar hat's dem Papa nicht gefallen. Der hat ja auch noch nie selber komponiert!«

Wenn im folgenden – terminologisch verkürzt – von »Konzertpädagogik« die Rede ist, dann werden damit nicht die vielfältigen Formen von Konzertmoderation, Musikerpatenschaften, Probenbesuchen, Instrumentenvorführungen oder Ähnlichem gemeint sein, sondern vor allem dieser hier beschriebene Ansatz eines gemeinsamen, dialogischen und prozessualen »Komponierens«: Die aktive und eigenschöpferische Partizipation von musikalischen Laien am Entstehen von Musik.

Die Zügel aus der Hand geben

Warum soll, was mit hochkomplexen Stücken von Lachenmann, Stockhausen und Ligeti gelingt, nicht auch bei Kirchenliedern möglich sein? Warum nicht auch sie zum Gegenstand spielerischer Forschung und kompositorischer Aneignung machen?

Mancherorts geschieht dies ja bereits. Die ans EG angelehnten Melodiespiele Gerd Zachers, für deren Verbreitung sich seit Jahren die Lippstädter Kirchenmusikdirektorin Christa Kirschbaum[5] engagiert, ähneln stark dem vokalen Übungsrepertoire vieler Konzertpädagoginnen und Konzertpädagogen.[6] Diese Nähe ist kein Zufall: Beide Methodensammlungen speisen sich aus den gleichen Quellen, beide gründen auf der Ästhetik der »Neuen Musik« der 1960er- und 70er-Jahre, beide haben jedoch einen Teil dieser Wurzeln bewusst hinter sich gelassen und die einstige avantgardistische Emphase durch eine sehr viel pragmatischere Haltung ersetzt.

In einem freilich unterscheiden sich beide Ansätze voneinander. Ein »offenes Singen« à la Zacher bietet zwar dem einzelnen Sänger, der einzelnen Sängerin viele improvisatorische Gestaltungsfreiräume, stellt das Verhältnis von Chor und Dirigent aber in der Regel nicht grundsätzlich in Frage. Der Leiter oder die Leiterin weiß in den meisten Fällen genau, wo er oder sie »hinwill« und führt die Gruppe schrittweise zu diesem vordefinierten Ziel (was natürlich nicht ausschließt, dass dieses vorab intendierte Ergebnis große aleatorische »Unschärfen« besitzen kann).

Anders bei Projekten wie *Response*: Hier verfolgen die Anleitenden im Idealfall systematisch das Ziel, so viel künstlerische Verantwortung wie möglich an die Gruppe zu delegieren. Die Mitwirkenden werden dazu animiert, eigene Ideen und ihre eigene Persönlichkeit einzubringen, in Kleingruppen werden Spielregeln erarbeitet und Vorschläge gesammelt, der Leiter oder die Leiterin verwandelt sich zunehmend in den Moderator eines kreativen Prozesses.

---

5. Kirschbaum, Christa: Melodiespiele mit Gesangbuchliedern (= Singen bewegt. Neue Zugänge zum Singen in der Gemeinde, Bd. 1), München 2005.
6. Es handelt sich bei diesen Übungen um ein überwiegend mündlich tradiertes, immer wieder variiertes »kollektives Wissen« ohne eindeutige Urheberschaft. Ausformulierte Zusammenfassungen solcher Übungen haben beispielsweise in den 1970er Jahren Gertrud Meyer-Denkmann und Lilli Friedemann zusammengetragen (z. B.: Friedemann, Lilli: Einstiege in neue Klangbereiche durch Gruppenimprovisation, Wien 1973); in den 1990ern Matthias Schwabe (z. B.: Musik spielend erfinden, Kassel 1992) und in jüngerer Zeit Peter Ausländer (z. B.: MundArt: Vokalspiele, musikalische Mauereien und Stücke für Stimmen, Vlotho 2007).

Übertragen auf eine Gemeindesituation könnte dies bedeuten: Kirchenlieder zum Gegenstand kollektiver Exegese zu machen. Es dem Chor, der
Jugendgruppe, den Konfirmanden zur Aufgabe machen, eigene Ideen zu
alten Liedern zu entwickeln und sich untereinander über diese Ideen aus-
zutauschen. Wie kann dieses oder jenes Lied verändert, umgetextet, gecovert,
arrangiert, variiert oder parodiert werden? Welche eigenen Assoziationen
und Erinnerungen sind damit verknüpft (vor allem bei älteren Menschen),
wo lässt es eine persönliche Saite anklingen und wo weckt es eher Befrem-
den und Abwehr? Und wie kann es umgestaltet werden, in welchen erzäh-
lerischen, musikalischen oder inszenatorischen Rahmen kann es gestellt
werden, damit diese persönlichen Zugänge hörbar oder sichtbar werden?
Dabei kann aus eigenen Erfahrungen und Einfällen geschöpft werden – die
Gemeindegruppe kann aber auch von ihrem Leiter einen »Recherche-Auf-
trag« erhalten: Welche Geschichten haben die Bewohner des benachbarten
Altenheims zu einem Lied zu erzählen? Wie klang »Und wenn die Welt voll
Teufel wär« für eine Anhängerin der Bekennenden Kirche? Wie wurde in
den 1950er-Jahren ein zehnjähriger Singmuffel von seiner Volksschullehre-
rin mit »Geh aus mein Herz« gequält? Und was erzählen sie eigentlich
selbst, all diese sperrigen alten Liedtexte, die gedankenlos mitgesungen oder
als fromme Zumutung empfunden werden mögen, die Jüngeren aber kaum
noch Identifikationsmöglichkeiten bieten? Aus welchem historischen Kontext stammen sie? Wer war dieses »Ich«, das da seit Jahrhunderten lobt und
preist und behauptet, es wisse, woran es glaube?

Dies alles zum Gegenstand von kirchlicher Jugend- oder Erwachsenen-
arbeit zu machen und sich mal aktiv recherchierend, mal lustvoll neuschöp-
ferisch am überlieferten Liedbestand abzuarbeiten, würde bedeuten, ihn
tatsächlich wieder lebendig zu machen und ihn nicht bloß als eine Samm-
lung von alten Melodien und antiquierten Metaphern zu konservieren.
Einen Haken freilich hat die Sache: Die Zügel aus der Hand geben (und
damit auch ein Stück weit auf die Sicherheit einer vorgegebenen Partitur
und auf die Autorität des »Schriftkundigen« zu verzichten) – das erfordert
nicht nur Mut, sondern auch ein entsprechendes Repertoire an geeigneten
Moderationstechniken, an Improvisationsspielen, Warming-up-Übungen
und Strategien der Gruppenanimation. Ein durchaus anspruchsvolles
Handwerk also, das mit dem des Chorleiters oder der Kirchenmusikerin
zwar verwandt, aber eben nicht deckungsgleich ist. Ohne Starthilfe oder
Qualifikation von außen dürfte es kaum in die kirchenmusikalische Praxis
zu integrieren sein.

Da drängt sich schnell die Frage auf: Wofür das alles? Ist das nicht ent-
schieden zu viel Aufwand? Ist es nicht völlig weltfremd und verstiegen,
ausgerechnet mit derart unkonventionellen Methoden alte Lieder in die
Gegenwart retten zu wollen? Und würde dies alles nicht in die falsche
Richtung führen? Würde bei so viel Spielerei, Experimentiererei und Pä-
dagogisierung nicht der eigentliche Kern von Gemeindegesang auf der
Strecke bleiben?

Musik zweiter Klasse? Ein Exkurs

»Wofür das alles?« – Konzertpädagoginnen und Konzertpädagogen kennen
diese Frage nur zu gut. Ist es nicht viel zu ungewiss, ob sich auf solchem
Wege tatsächlich das »Publikum von morgen« rekrutieren lässt, als dass sich
damit der erhebliche finanzielle, personelle und zeitliche Aufwand von Projekten wie *Response* rechtfertigen ließe? Zugegeben: Nachhaltige Wirkungen
lassen sich naturgemäß erst langfristig überprüfen. Doch was ursprünglich
als eine reine pädagogische Hilfsdisziplin intendiert war, hat sich längst
verselbstständigt und unübersehbar begonnen, seinen eigenen künstlerischen und soziokulturellen »Mehrwert« abzuwerfen. Die Kompensation
demographischer Krisensymptome war zwar Ausgangspunkt und Initial-
zündung dieser Aktivitäten, ist aber längst nicht mehr ihre einzige Zielsetzung. Kinderkonzerte, Schulbesuche und andere »Education-Projekte« haben das Konzertleben, unabhängig von allen Zukunftsprognosen, schon jetzt
lebendiger und vielfältiger gemacht. Kann dies auch für die Kirche gelten?
    »Wofür das alles?« – für den Urvater aller experimentellen Kirchenmu-
sik und aller Konzertpädagogik stellte sich diese Frage nicht. Martin Luthers
ästhetischer und kulturpädagogischer Großversuch – die Einführung
deutschsprachiger geistlicher Gesänge für den Gemeindegebrauch – grün-
dete auf einem klar definierten Bedarf. Die Gemeinde sollte wieder zum
handelnden Subjekt der Liturgie werden und dafür bedurfte es einer leicht
erlernbaren und eingängigen geistlichen Volksmusik. Diese Musik sollte
das Wort Gottes verkünden und dafür sorgen, dass es »durch den Gesang
unter den Leuten bleibe«[7]. Sie sollte zur musischen und sittlichen Erzie-

---

7. Martin Luther, zit. nach: Korth, Hans-Otto: Art. »Gemeindegesang: Der deutsche evangelische
   Gemeindegesang«, in: Die Musik in Geschichte und Gegenwart, Sachteil, Bd. 3, Kassel/Stuttgart
   ²1995, 1162–1174, 1164.

hung der Jugend herangezogen werden können, auf dass diese »der bul
lieder und fleyschlichen gesenge los werde und an derselben stat etwas
heylsames lernete.«[8] Und sie sollte bei Bedarf auch als Therapeutikum für
den täglichen Hausgebrauch verwendbar sein: »Darumb, wenn Ihr traurig
seid, und will vberhand nehmen, so sprecht: Auf! Ich muß unserm Herrn
Christo ein Lied schlagen auf dem Regal.«[9] Wo immer es möglich war,
sollte dazu an bereits existierende Gesänge angeknüpft werden, die mit
großem Pragmatismus vereinfacht, weitergesponnen, umgetextet oder ein-
gedeutscht wurden.

Dies alles geschah auf dem Boden eines wiederum klar definierten, in
sich geschlossenen spätantiken Weltbildes. Wenn Luther erklärt, Christi
Reich sei »ein hör Reich, nicht ein sehe Reich«, das nur über das Ohr erfasst und verinnerlicht werden könne[10] und wenn er die Musik dementsprechend zusammen mit dem gesprochenen Wort ins Zentrum seiner
Theologie stellt, dann weiß er sich dabei im Einklang mit dem anthropo-
logischen und kosmologischen Wissensstand seiner Zeit. An einem zentralen Punkt allerdings weicht Luther von der herrschenden Lehre ab: Indem er zulässt, dass sich die Verkündigungs- und Mittlerfunktion der
Musik nicht mehr nur in einer kompositionstechnisch und musikalisch
vollendeten kultischen Chormusik äußert, sondern eben auch in der
schlichteren Form des Gemeindegesangs, relativiert er zugleich auch die
musikimmanent theologische und zahlenmystische Dimension zugunsten
eines sehr viel unmittelbareren, aktiven Erlebens von Musik.

Dem Klerus waren die körperlichen und affektiven Wirkungen des Musizierens und Singens bis dahin eher suspekt gewesen. Sie standen im
Verdacht, die Andacht zu stören, in Konkurrenz zum gesprochenen Wort
zu treten oder gar Zügellosigkeit und Lasterhaftigkeit zu entfesseln. Um
so wichtiger war es, dem Gemeindelied eine moderate, mäßigende und
harmonische Gestalt zu geben und seine Melodik auch später von allen
Einflüssen einer affektgeladenen Rhetorik frei zu halten. So haftete dem
Kirchenlied aus ästhetischer Sicht von Anfang an der Geruch einer »Musik
zweiter Klasse« an: Schon Luther selbst gab zwar seine geistlichen Lieder
fürs Volk durchweg bei strammen Protestanten in Auftrag, musizierte zu

---

8. Martin Luther, zit. nach: Bolín, Norbert: »Sterben ist mein Gewinn« (Phil. 1,21). Ein Beitrag
   zur evangelischen Funeralkomposition der deutschen Sepukralkultur des Barock 1550–1750,
   Kassel 1989, 87.
9. Ebd., 88.
10. Ebd., 89.

Hause, als Privatmann, dann aber doch lieber die modernen Motetten des Katholiken Josquin Desprez.[11]

Was latent bereits im frühen Protestantismus angelegt war, galt erst recht aus der Sicht einer strikten Autonomieästhetik, wie sie spätestens seit Eduard Hanslick den musiktheoretischen Diskurs im deutschsprachigen Raum prägte. Wenn Luther darauf hinweist, Musik mache »die Leute gelinder und sanfftmütiger, sittsamer und vernünftiger«[12], dann offenbart sich hierin – aus aufklärerischer und autonomieästhetischer Sicht – eine Degradierung der Musik als ein bloßes »Mittel zum Zweck« und zugleich eine persönlichkeitsbildende Absicht, die nicht allzu weit von Manipulation entfernt ist. Durch das gemeinsame Singen werden »Werte und Wahrheiten vermittelt, Normen eingeschärft, Stimmungen verbreitet und damit Einstellungen und Verhaltensweisen vieler mindestens mitgeprägt. [...] Im Singen findet Vereinigung auch mit dem Ziel der Anpassung statt.«[13]

Ihren Höhepunkt erreichte die kritische Hinterfragung der landläufig üblichen Praxis des Gemeindegesangs in der zweiten Hälfte des 20. Jahrhunderts. Vertreter der Neuen Musik und progressive innerkirchliche Kritiker rückten die gottesdienstliche »Gebrauchs- und Wegwerfmusik«[14] in die Nähe von Fernseh-Soundtracks und Kaufhausbeschallung. Sie wiesen auf die historischen Zusammenhänge zwischen Singbewegung und nationalsozialistischer Kulturdoktrin hin und kritisierten den »immer wieder geforderten Dienst an der Gemeinde«[15] als konformistisch und affirmativ; als eine fortwährende »Adaption ans Bestehende«, die letztlich darauf hinauslaufe, »der Gemeinde zu einer höchst schmeichelhaften Selbsterfahrung zu verhelfen«[16]. Stattdessen, so ihr Gegenkonzept, habe es einer zeitgemäßen »musica sacra« um das »Korrektiv der Verkündigung« zu gehen. Nicht »musikalisch entschärft«[17] dürfe sie daherkommen, sondern ihre Aufgabe sei es, als bewusster Stör- und Unruhefaktor das biblische

---

11. Vgl. Söhngen, Oskar: Musica sacra zwischen gestern und morgen. Entwicklungsstadien und Perspektiven in der 2. Hälfte des 20. Jahrhunderts, Göttingen 1979, 15.
12. Martin Luther, zit. nach: Bolín: Sterben ist mein Gewinn, 87 (Anm. 7).
13. Josuttis, Manfred: Der Weg in das Leben. Eine Einführung in den Gottesdienst auf verhaltenswissenschaftlicher Grundlage, Gütersloh 1991, 196.
14. Metzger, Heinz-Klaus: Musikalische Qualität als Verinnerlichung von Gebrauchs- und Tauschwert, Nachdruck in: Neue Musik in der Kirche 1965–1983. Referate – Predigten – Dokumentation, hg. von der Kantorei an St. Martin, Kassel 1983, 80–107, 83.
15. Schnebel, Dieter: Denkbare Musik. Schriften 1952–1972, Köln 1972, 425.
16. Clytus Gottwald (1966), zit. nach: Ebd., 425.
17. Schnebel, Denkbare Musik, 435 (Anm. 14).

Wort – und mit ihm die Kirche – in einen »brodelnden messianischen Zustand«[18] zurückzuversetzen: »Einzig, wo der Dienst der geistlichen Musik zugleich zum Anstoß wird, ist er legitim.«[19]

Man muss eine solche Kritik nicht in all ihren polemischen Zuspitzungen teilen, um sich von den Bewertungsmaßstäben der Autonomieästhetik – zumindest unterschwellig – beeinflussen zu lassen. Auch innerhalb der Kirche hat dieses Wertesystem seine Spuren hinterlassen. Wer sich in den zurückliegenden Jahrzehnten als Kirchenmusiker profilieren wollte, der dürfte wohl die größte Erfüllung dieses Berufes nicht unbedingt im Gemeindegesang gesucht haben – sondern eher darin, möglichst viele Räume zu schaffen, in denen sich ein autonomes Verständnis von »Musik als Kunst« entfalten kann.

Konzertpädagogen der ersten Stunde, die dieses Feld bereits vor dem großen »Musikvermittlungs-Boom« der letzten Jahre beackerten, ist auch diese Erfahrung nur allzu vertraut. Bis weit in die 1990er-Jahre hinein mussten sie sich regelmäßig mit dem herablassenden und abwertenden Blick ihrer konzertierenden oder komponierenden Kollegen auseinandersetzen – und dementsprechend auch mit dem zumindest latenten Selbstverdacht, eine »Musik minderer Güte« zu vertreten. Auch sie bewegten sich mit ihrem Ansatz zwischen Disziplinen, die noch kurz zuvor durch tiefe ideologische Gräben getrennt gewesen waren. Musik für Schule und Kindergarten? »Musische Erziehung« gar? Für die Avantgardisten der 1960er und 70er Jahre war das noch »werkelnde Spielmusik«[20], »Blockflötenunwesen«[21] und »Neo-Tralalismus«[22] gewesen. Doch die Zeiten ändern sich. Zu Beginn des 21. Jahrhunderts spottet niemand mehr über »musikpädagogische Musik«. Stattdessen setzt der Konzertbetrieb (einschließlich der Spötter von einst) alle Hebel in Bewegung, um genau das zu erreichen, was Kirchenmusik und Musikpädagogik seit jeher tun: aktive Teilhabe zu ermöglichen. Die Menschen zu erreichen. Musikalische Basisarbeit zu leisten. Ein guter Zeitpunkt also, um sich – als Musikvermittler ebenso wie als Kirchenmusiker – mit neuem Selbstbewusstsein zum eigenen »gebrauchsmusikalischen« Auftrag zu bekennen.

---

18. Ebd., 427.
19. Ebd., 425.
20. Adorno, Theodor W.: Dissonanzen. Musik in der verwalteten Welt, Göttingen 1991, 108.
21. Metzger, Heinz-Klaus: Musik wozu. Literatur zu Noten, hg. von Rainer Riehn, Frankfurt am Main 1980, 44.
22. Ebd., 47.

»Wofür das alles«? Wofür das Kirchenlied zum Experimentierfeld machen? Wofür sich an neue, riskante, ungewohnte Formen des Miteinander-Musizierens wagen? Gewiss nicht um irgendwelcher Experimente oder ästhetischer Dogmen willen. Aber zum Beispiel dafür: Um die Gunst der Stunde zu nutzen und sich vom verinnerlichten Wertesystem der Autonomieästhetik frei zu machen. Das Singen der Gemeinde wieder als Chance, als einen der wertvollsten und herausforderndsten Bestandteile dieses Berufes zu erkennen. So offensiv und radikal pragmatisch, wie Martin Luther es einst tat.

Neue Funktionen – neue Ausdrucksformen

Eine aufschlussreiche Randnotiz der Paderborner Umfrage: Bis zum Alter von 70 Jahren nimmt die subjektive »Bedeutung des Singens« kontinuierlich zu und bleibt auch bei hochaltrigen Menschen auf hohem Niveau. Gleichzeitig stürzt die »Einschätzung der eigenen Singfähigkeit« im achten Lebensjahrzehnt rapide ab und sinkt am äußersten Ende der Altersskala auf den absoluten Tiefstwert.

Was auf den ersten Blick den Anschein einer rational erklärbaren »natürlichen« Entwicklung weckt (wer wollte bestreiten, dass sich die Stimme im hohen Alter verändert, dass sie tiefer, brüchiger, »faltiger« wird), erweist sich bei genauerem Hinschauen als ein *ästhetisches* Phänomen. Denn warum eigentlich muss eine durch das Alter veränderte Stimme zwangsläufig weniger »schön« sein? Gegenbeispiele gibt es viele – von der privaten Erinnerung an die Schlaflied-singende Oma bis hin zur heiseren Stimme eines Tom Waits, die viele gerade wegen ihrer Andersartigkeit fasziniert. Die Stimme eines 80- oder einer 90-Jährigen hat schon dadurch eine für uns Jüngere unnachahmliche expressive Kraft, dass sich hier ein langes Leben klanglich manifestiert. »Unschön« wird sie erst in dem Moment, wo sie an unangemessenen musikalischen Anforderungen scheitert.

Die Kirchenmusik macht sich diese Chance einer »Ästhetik des Unnachahmlichen« kaum zunutze, sondern geht von einem kulturell tradierten und medial verstärkten Ideal der glatten, jungen, anpassungsfähigen Stimme aus. Nicht nur aus Sicht ihrer Leiter, auch in der Wahrnehmung der Sängerinnen und Sänger selbst leiden viele Kirchenchöre an vermeintlicher »Überalterung«. Wer nicht irgendwann diskret »ausgemustert«

wurde, verzichtet ab einer gewissen Altersgrenze aus freien Stücken auf eine aktive Teilhabe am musikalischen Gemeindegeschehen, weil er oder sie angeblich »nicht mehr singen kann«. Wäre Kirche nicht der ideale Ort, um sich vom musikalischen Jugendwahn zu verabschieden und nach Konzepten zu suchen, in denen sich die einzigartige Schönheit alter Stimmen entfalten kann? In denen alterstypische Besonderheiten nicht als Defizit erlebt werden, sondern – gerade da, wo sie sperrig und ungewöhnlich sind – als ästhetischer Gewinn?

Gemeindegesang kann und könnte heute viele Funktionen erfüllen. Funktionen, die es zu Martin Luthers Zeiten schlichtweg nicht gab – oder für die, wenn es sie denn gegeben hätte, im musikalisch-theologischen Weltbild der damaligen Zeit kein Raum gewesen wäre. Die Notwendigkeit und Chance einer offensiven Einbindung alter Stimmen ist nur eines von vielen Beispielen für diesen gewandelten und gewachsenen Bedarf. Je nach Zusammensetzung der Gemeinden kann Kirche ein Ort sein, an dem sich Menschen unterschiedlicher Generationen, unterschiedlicher sprachlicher und kultureller Herkunft, unterschiedlicher Grade von Religiosität und Frömmigkeit begegnen. Je nach theologischer Themensetzung kann Kirche ein Ort sein, an dem es ums Zweifeln und ums Fragen, um den intellektuellen Diskurs und um das körperliche Erlebnis, ums konzentrierte In-sich-Gehen des Einzelnen und um die Vielstimmigkeit und Diversität einer Gruppe geht. In vielen solcher Kontexte könnte Musik sehr viel differenziertere, passgenauere Funktionen erfüllen, als sie es im herkömmlichen Gemeindegesang üblicherweise zu tun pflegt. Es bedarf dafür nicht zwangsläufig neuer Lieder – wohl aber mitunter eines neuen Umgangs mit tradiertem Liedgut.

Die Zacherschen Melodiespiele zeigen es: Es ist kein Naturgesetz, dass der überlieferte Liedbestand stets im moderaten, schnörkellosen Unisono vorgetragen werden muss, frei von dynamischen, metrischen oder klanglichen Varianten. Wenn Bibeltexte paraphrasiert, inszeniert, collagiert, nacherzählt, in verschiedene Sprachen übersetzt oder auch nur außerhalb ihres Kontextes zitiert werden »dürfen«, dann »darf« all dies auch mit Liedern oder Liedfragmenten geschehen. Innerhalb des Lutherschen Weltbildes entsprach der geläufige Phänotyp des Gemeindechorals genau den geforderten Zweckbestimmungen: Heilsam auf den Einzelnen und verbindend auf eine kulturell homogene Gemeinde zu wirken, den Teufel zu vertreiben und den Glauben zu stärken. Heute trifft eine Fülle an neuen denkbaren Zweckbestimmungen auf eine Fülle an neuen Ausdrucksmitteln (summen und säuseln, grooven und rappen, flüstern und rufen, Obertongesang und verstellte Stimmen, kollektives Verstummen oder heterophone Vielstimmigkeit), die erstmals in der Musikgeschichte frei verfügbar sind, ohne dass gleich der Satan ins Spiel kommen oder ein ideologisch-ästhetischer Glaubensstreit vom Zaun gebrochen werden müsste.

Konsequente Stimmigkeit

Freilich: Im Gottesdienst werden diese Mittel nur dann auf Gegenliebe stoßen, wenn sie schonend dosiert und auf einladende und nachvollziehbare Weise ins Gesamtgeschehen eingebunden sind. Der größte Feind einer derart entfesselten musikalischen Freiheit – auch dies lehrt die Konzertpädagogik – heißt *Beliebigkeit*. Die berüchtigte Aufforderung »denkt euch mal irgendwas aus« ist im kompositorischen Gruppenprozess fast schon ein Garant für schwache Ergebnisse.

Im Kontext konzertpädagogischer Projekte ist es häufig die innere oder kontextuelle »Stimmigkeit«, die an die Stelle herkömmlicher Qualitätsmaßstäbe wie »Werktreue«, »sauberer Gesang« oder »regelkonformer Tonsatz« tritt. Bei aller Verschwommenheit dieses Begriffs lässt sich immer wieder beobachten, dass eine kulturell halbwegs homogene Gruppe sich erstaunlich schnell auf intuitive »Stimmigkeits-Kriterien« verständigen kann. So lässt sich beispielsweise in der gemeinsamen Bewertung einer Improvisation erfahrungsgemäß große Übereinstimmung darüber erzielen, welche verwendeten Ausdrucksmittel als angemessen empfunden wurden und welche nicht; wo die musikalischen Stärken und Schwächen lagen und wo gar regelrechte »Fehler« gemacht wurden.

Auch in der Bewertung von Gottesdiensten und gottesdienstlicher Musik scheint die »Stimmigkeit« eine wichtige Rolle zu spielen. So haben mehrere Kommentatoren der Paderborner Studie betont, dass auch pop- und rock-affine Hörer in einer Kasualienfeier den Klang der Orgel und die klassische Stilistik vorzögen, weil sie beides als kontextuell angemessener empfänden. Genau diesen Kontextbezug muss man denn wohl auch zwischen den Zeilen mitlesen, wenn man die Fragebogenergebnisse zu den »Dimensionen eines christlichen Liedes« betrachtet: »Text«, »Klang« oder »Gefühl« müssen nicht »schön« oder »fromm« oder »fröhlich« sein – sie müssen »stimmen«. Sprich: Zur Zielsetzung des Gottesdienstes und zur theologischen Aussage passen. Musikalisch Fremdes, Ungewohntes, »Experimentelles« stößt dementsprechend vor allem dort auf Ablehnung, wo es als kontextuell »unvermittelt« wahrgenommen wird. Wo sich der musikalische Traditionsverstoß hingegen schlüssig erklärt und mit einem Plus an Stimmigkeit einhergeht, wird dies erfahrungsgemäß auch von der Gemeinde honoriert.

Selbstverständlich gilt dies auch und gerade für Kinder und Jugendliche. In verschiedenen Kommentaren war davon die Rede, dass die Fähigkeit zur stilistischen Toleranz und zum kontextuell differenzierten ästhetischen Werturteil einem entwicklungspsychologischen Wandel unterlegen sei. Anders als der oder die 30-Jährige, so hieß es, sei ein Jugendlicher unabhängig vom Kontext auf einen bestimmten Musikgeschmack festgelegt. Aber macht man es sich hier nicht ein bisschen zu leicht? Urteilen nicht Kinder und Jugendlich einfach nur weniger voreingenommen – und legen ihrem Urteil deshalb ein sehr viel feineres, intuitiveres »Stimmigkeits-Raster« zugrunde? Überzeugt es sie vielleicht bloß nicht, wenn von drei relativ ähnlich klingenden getragenen Folgen von Orgelklängen und leicht verschlepptem Gesang die eine »jubelnd«, die zweite »hoffnungsfroh« und die dritte »trauernd« sein soll? Alle Erfahrungen aus der konzertpädagogischen Praxis jedenfalls deuten darauf hin, dass selbst bildungsferne Schülerinnen und Schüler in ganz erheblichem Maße zur kontextbezogenen Differenzierung fähig sind – was auch nicht weiter verwunderlich ist: Heutige Jugendliche wachsen mit einem ungleich größeren musikalischen Horizont auf, als jede vorangegangene Generation. Ihr passives musikalisches Vokabular entwickelt sich eben nicht mehr nur im gruppenbildenden und identitätsstiftenden Popdiskurs, sondern genauso auch im täglichen Umgang mit Medien aller Art. Was immer man von Hollywood-Soundtracks und orchestral vertonten Computerspielen halten mag – es sind Meister der »Stimmigkeit«, die hier am Werke sind. Zwei Beispiele aus dem Kinojahr 2010: James Horners Musik zum Kassenschlager *Avatar* verwendet verschiedene außereuropäische Flöten, Gongs, Glocken und einen balinesischen Gamelan; der Soundtrack des Psychothrillers *Shutter Island* setzt sich aus Stücken von Ligeti, Penderecki, Morton Feldman und John Cage zusammen.

Gerade die Kontexte sind es, die in der konzertpädagogischen Arbeit mit Kindern und Jugendlichen ein hohes Maß an Identifikation mit fremden und ungewöhnlichen Klängen hervorzubringen vermögen. Wenn es etwa darum geht, dass Grundschulkinder ein Requiem auf ihre verstorbenen Haustiere erfinden; wenn Schülerinnen und Schüler der gymnasialen Mittelstufe an einem Flüsterchor zur Pogromnacht arbeiten; wenn geistig behinderte Förderschüler mit ihren eigenen stimmlichen Mitteln eine »Engelsmusik« improvisieren oder wenn Realschüler, die sich mit der Geschichte der Sklaverei auseinandergesetzt haben, einen »gebrochenen«, von Geräuschen durchsetzten Spiritual inszenieren, dann wären sie alle die letzten, die an dieser Stelle gefällige Popmusik einfordern würden.

Freilich: Nimmt man das Primat der »Stimmigkeit« ernst, dann lässt sich dies alles nur dort auf kirchliche Kontexte übertragen, wo ein Fördern und Fordern kreativer Phantasie und eine ernsthafte inhaltliche Auseinandersetzung überhaupt angestrebt werden. Wo die Kinder- und Jugendarbeit in erster Linie auf niederschwellige Gemeinschaftserlebnisse zielt, dürfte der Rückgriff auf die bewährten Kinderliederhits erfolgversprechender sein.

Wie bei diesem Beispiel, so dürfte auch sonst ein Zweckbündnis zwischen Gemeindegesang und Konzertpädagogik umso fruchtbarer ausfallen, je enger es mit der Frage nach den jeweiligen theologischen, seelsorgerischen oder gemeindekulturellen Zielsetzung verknüpft wird – sprich: je konsequenter und radikaler Musik in den Dienst einer solchen übergreifenden »Stimmigkeit« gestellt wird. Wo es gelingt, dass pädagogischer Prozess, musikalischer Gehalt und theologische Aussage eng ineinander greifen, da dürfte auch die Frage obsolet werden, ob dies alles eigentlich noch Kirchenmusik sei. Ob hier nicht vor lauter Spielerei das Spirituelle auf der Strecke bleibe. Und ob denn dann etwa am Ende auch noch der Gottesdienst als ein Ort des »Experimentierens« und »Übens« missbraucht werden solle.

Der konzertpädagogische Ansatz eröffnet die Chance, theologische Inhalte, soziale Annäherungsprozesse und subjektive Erfahrungserweiterung im Akt des Musizierens *erlebbar* zu machen. Das vertraute Kirchenlied kann ein Medium dieses Vorgangs bleiben, wird aber gerade durch die musikalische Normabweichung mit einer neuen Erlebnisqualität aufgeladen: Sich aufeinander einstimmen und sich in unreglementierte, unvorhersehbare Klänge einer Gemeinschaft von Singenden einhören. Sprache zu Klang und Klang zu Sprache werden lassen. Den vorsprachlich-emotionalen Lauten, von denen in Kirchenliedern so viel die Rede ist (flehen, seufzen, jauchzen, frohlocken ...) eine Gestalt und dieser Gestalt eine Form geben. Den Atem, die Stille, das gesprochene, geflüsterte oder gerufene Wort als musikalisches Ausdrucksmittel wiederentdecken. Das Verhältnis des Einzelnen (als Solist oder Dirigent) zur Gruppe (als Chor) und die damit verbundene Verantwortung fürs Ganze immer wieder neu definieren. Und dann erleben, wie der schräge Gesang eines einzelnen Chorsolisten mit Down-Syndrom oder die zittrige, behutsam mikrophonierte Gesangsstimme einer Achtzigjährigen zum Zentrum musikalischer Verkündigung werden kann.

All das sollte ins Zentrum des Gottesdienstes gehören, wie es auch in den Gottesdienst gehören sollte, sich als Gemeinde miteinander »in etwas zu üben« (so lange es nicht bloß »richtige Töne« und »neue Melodien« sind). Denn natürlich können solche Formen des Musizierens zugleich auch »spirituelles Handeln« sein. Vielleicht nicht mehr, indem sie den Teufel vertreiben und den Menschen auf die ewige Harmonie des Kosmos einstimmen. Wohl aber, indem sie die verschiedensten Facetten von Gemeinschaft, von Verinnerlichung und Veräußerung sehr unmittelbar und plastisch erlebbar machen: Ausflüge ins Luthersche »hör Reich«, bei denen Musik – in entmythologisierter Form – ihre alte Mittlerfunktion zurückerhält.

So wie ja übrigens auch der Grundgedanke aller Konzertpädagogik letztlich auf Martin Luther zurückgeht (oder zumindest zurückgehen könnte): Den demographischen Entwicklungen nicht blind hinterherhecheln. Sich nicht von all diesen schrumpfenden oder wachsenden Balken in der Entwicklungskurve der Musikpräferenzen beirren lassen. Sondern stattdessen sein eigenes Apfelbäumchen zwischen die Balken pflanzen. Auf dass es, während seiner Wanderung vom linken zum rechten Rand der statistischen Graphik, prächtig wachse und gedeihe.

Anhänge

A Fragebogen zum Singen im Gottesdienst

Prof. Dr. Harald Schroeter-Wittke

Lehrstuhl für Didaktik der
Evangelischen Religionslehre mit
Kirchengeschichte
Warburger Str. 100
33098 Paderborn
Fon   0 52 51. 60-23 51
Fax   0 52 51. 60-42 19
E-Mail   schrwitt@zitmail.upb.de

UNIVERSITÄT PADERBORN
Die Universität der Informationsgesellschaft

UNIVERSITÄT PADERBORN | 33095 PADERBORN

Fragebogen zum Singen im Gottesdienst

Liebe Gottesdienstbesucherin, lieber Gottesdienstbesucher!

Wir bitten Sie, uns bei einem Forschungsprojekt der Liturgischen Konferenz in der Ev. Kirche in Deutschland zu helfen: Wir wollen in Erfahrung bringen, was Menschen beim Singen im Gottesdienst fördert oder behindert.

Das Forschungsprojekt führe ich gemeinsam mit meinem Paderborner Kollegen durch, Prof. Dr. Heiner Gembris, sowie mit Studierenden der Religionspädagogik und der Musikpädagogik.

Das Ausfüllen der Fragebögen ist freiwillig. Alle Daten werden anonym erhoben und verarbeitet.

Wir bitten Sie, den Fragebogen vollständig auszufüllen!

Falls Sie den Fragebogen zu Hause ausfüllen, wären wir Ihnen dankbar, wenn Sie uns den ausgefüllten Fragebogen an die oben aufgeführte Adresse zurückschickten.

Herzlichen Dank, dass Sie sich die Zeit nehmen, unseren Fragebogen auszufüllen!

Ich wünsche Ihnen eine gesegnete Advents- und Weihnachtszeit!

Ihr

Harald Schroeter-Wittke

I. Fragen zur Musik und zum Singen allgemein

1. Wie wichtig ist Musik in Ihrem Leben?

(bitte nur eine Möglichkeit ankreuzen)

sehr wichtig	wichtig	eher unwichtig	unwichtig
O	O	O	O

2. Wie sehr mögen Sie die folgenden Musikrichtungen?

(Bitte kreuzen Sie in jeder Zeile die zutreffende Antwort an!)

	sehr gerne	gerne	nicht so gerne	gar nicht
klassische Musik	O	O	O	O
Pop/Rock	O	O	O	O
Jazz	O	O	O	O
Volksmusik/Schlager	O	O	O	O
Sonstiges: _____	O	O	O	O

3. Singen Sie gerne? Ich singe ...

sehr gerne	gerne	ungern
O	O	O

4. Wie wichtig ist Singen für Sie persönlich?

(bitte nur eine Möglichkeit ankreuzen)

sehr wichtig	wichtig	eher unwichtig	unwichtig
O	O	O	O

Bitte umblättern!

5. Bei welchen Gelegenheiten singen Sie?

(Mehrfachnennungen möglich)

Ich singe nie	O
Auto	O
Badewanne/Dusche	O
Schule	O
Kirche	O
Spaziergang	O
Im Stadion (z. B. Fußball)	O
Karneval	O
Mit Kindern	O
Bei der Arbeit	O
Chor	O
Familienfeste	O
Sonstiges:	

6. Wie schätzen Sie Ihre Singfähigkeit ein?

(bitte nur eine Möglichkeit ankreuzen)

schlecht	befriedigend	gut	sehr gut
O	O	O	O

7. Wie gefällt Ihnen Ihre eigene Stimme? Meine Stimme gefällt mir ...

(bitte nur eine Möglichkeit ankreuzen)

sehr gut	gut	weniger gut	gar nicht
O	O	O	O

Bitte umblättern!

II. Fragen zu christlichen Liedern und Gottesdienstliedern

8. Was ist Ihnen im Allgemeinen an einem christlichen Lied wichtig?

(Bitte kreuzen Sie in jeder Zeile die zutreffende Antwort an!)

	sehr wichtig	wichtig	eher nicht wichtig	unwichtig
Text	O	O	O	O
Musik/Klang	O	O	O	O
die empfundenen Gefühle	O	O	O	O
Bekenntnis des Glaubens	O	O	O	O
Hoffnung und Zuversicht	O	O	O	O
Sonstiges:	O	O	O	O

9. Singen Sie im Gottesdienst mit?

(bitte nur eine Möglichkeit ankreuzen)

nie	selten	meistens	immer
O	O	O	O

10. Welche Gesänge singen Sie gern mit?

(Mehrfachnennungen möglich)

Liturgische Gesänge (z. B. Ehre sei Gott in der Höhe)	O
Choräle (z. B. Lobe den Herren)	O
Fremdsprachige Lieder (z. B. Kumbaya my lord)	O
Neues Geistliches Lied (z. B. Danke für diesen guten Morgen)	O
Taizé (z. B. Laudate omnes gentes)	O
Kanon (z. B. Ausgang und Eingang)	O
Anbetungslieder/Praise and Worship (z. B. Vater des Lichts)	O
Gospel/Spiritual (z. B. Komm, sag es allen weiter/Go, tell it on the Mountain)	O

11. Wenn Sie im Gottesdienst mitsingen, wann fällt Ihnen das Singen leicht?

(Bitte kreuzen Sie in jeder Zeile die zutreffende Antwort an!)

	Trifft völlig zu	Trifft überwiegend zu	Trifft wenig zu	Trifft gar nicht zu
Wenn ich gut gelaunt bin	O	O	O	O
Wenn ich bedrückt bin	O	O	O	O
Wenn die Atmosphäre gut ist	O	O	O	O
Wenn andere auch mitsingen	O	O	O	O
Wenn ich das Lied kenne	O	O	O	O
Wenn ich das Lied mag	O	O	O	O
Wenn mir die Begleitung gefällt	O	O	O	O
Sonstiges:	O	O	O	O

12. Wenn Ihnen im Gottesdienst das Singen schwer fällt, woran könnte das liegen?

(Bitte kreuzen Sie in jeder Zeile die zutreffende Antwort an!)

	Trifft völlig zu	Trifft überwiegend zu	Trifft wenig zu	Trifft gar nicht zu
Es singen nur wenige	O	O	O	O
Ich kenne das Lied nicht	O	O	O	O
Ich mag das Lied nicht	O	O	O	O
An der Musik	O	O	O	O
An der Uhrzeit	O	O	O	O
Es ist mir peinlich	O	O	O	O
An stimmlichen Problemen	O	O	O	O
Sonstiges:	O	O	O	O

13. Wenn Sie im Gottesdienst nicht mitsingen, was machen Sie dann im Allgemeinen?

(bitte nur eine Möglichkeit ankreuzen)

Interessiert zuhören	O
An etwas anderes denken	O
Text mitlesen	O
Sich unterhalten	O
Peinlich berührt zuhören	O
Sonstiges:	

14. Würden Sie gerne Lieder im Gottesdienst kennen lernen, die Ihnen noch nicht bekannt sind?

Ja	Nein
O	O

15. Wie gefallen Ihnen folgende Liedgestaltungen im Gottesdienst?

(Bitte kreuzen Sie in jeder Zeile die zutreffende Antwort an!)

	sehr gut	gut	weniger gut	gar nicht
Gesang ohne Begleitung	O	O	O	O
Orgelbegleitung	O	O	O	O
Klavierbegleitung/ Keyboardbegleitung	O	O	O	O
Gitarrenbegleitung	O	O	O	O
mit Band	O	O	O	O
mit Posaunenchor	O	O	O	O
mit Schlagzeug/Percussion	O	O	O	O
mit Playback	O	O	O	O
Sonstiges:	O	O	O	O

Bitte umblättern!

III. Allgemeine Fragen

16. Wie alt sind Sie? *(Bitte eintragen!)* [   ] Jahre

17. Sind Sie männlich oder weiblich?

männlich	O
weiblich	O

18. Bitte geben Sie Ihren höchsten Bildungsabschluss an!
(bitte nur eine Möglichkeit ankreuzen)

Hauptschulabschluss	O
Realschulabschluss	O
Hochschulreife/Abitur	O
Ausbildung	O
Abgeschlossenes Studium	O
Kein Abschluss	O
Sonstiges	O

19. Welcher Beschäftigung gehen Sie zur Zeit nach?
(bitte nur eine Möglichkeit ankreuzen)

selbstständig	O
Beamtin/Beamter	O
Angestellte(r)	O
Auszubildende(r)	O
erwerbslos	O
Hausfrau/Hausmann	O
Rentner(in)	O
Student(in)	O
Schüler(in)	O
Sonstiges	O

20. Was ist Ihr kirchlicher Hintergrund?

ev. Landeskirche	Freikirche	kath. Kirche	keiner	sonstiges
O	O	O	O	O

Bitte umblättern!

21. Wie oft gehen Sie in den Gottesdienst?
(bitte nur eine Möglichkeit ankreuzen)

Ca. 1 bis 4 Mal im Jahr	O
Ca. 1 bis 2 Mal im Monat	O
Öfter als 2 Mal im Monat	O

22. In welcher Rolle nehmen Sie am Gottesdienst teil?
(Mehrfachnennungen möglich)

Gemeindemitglied	O
Konfirmand	O
Chormitglied	O
Mitarbeiter in der Gemeinde	O
Pfarrer, Kirchenmusiker oder Küster	O
Sonstiges:	

Vielen Dank dafür, dass Sie sich die Zeit genommen haben, diesen Fragebogen auszufüllen!

Kreuztabelle: Singsituationen nach Altersgruppen

		Altersgruppen									
		10-13 J.	14-19 J.	20-29 J.	30-39 J.	40-49 J.	50-59 J.	60-69 J.	70-79 J.	80-97 J.	Gesamt
Ich singe nie	Anzahl	12	14	3	4	12	14	9	18	5	91
	Innerhalb Altersgruppen %	4,4%	5,3%	1,4%	1,2%	1,4%	2,1%	1,0%	1,9%	2,0%	
Auto	Anzahl	85	141	155	242	569	340	298	190	23	2043
	Innerhalb Altersgruppen %	31,0%	53,4%	74,9%	72,5%	67,9%	50,7%	33,7%	20,5%	9,2%	
Badewanne/ Dusche	Anzahl	116	134	98	105	232	135	100	49	11	980
	Innerhalb Altersgruppen %	42,3%	50,8%	47,3%	31,4%	27,7%	20,1%	11,3%	5,3%	4,4%	
Schule	Anzahl	125	111	27	43	100	89	41	25	8	569
	Innerhalb Altersgruppen %	45,6%	42,0%	13,0%	12,9%	11,9%	13,3%	4,6%	2,7%	3,2%	
Kirche	Anzahl	191	201	184	289	775	614	810	841	216	4121
	Innerhalb Altersgruppen %	69,7%	76,1%	88,9%	86,5%	92,5%	91,6%	91,5%	90,8%	86,1%	
Spaziergang	Anzahl	53	63	53	107	229	147	184	163	31	1030
	Innerhalb Altersgruppen %	19,3%	23,9%	25,6%	32,0%	27,3%	21,9%	20,8%	17,6%	12,4%	
Im Stadion (z.B. Fußball)	Anzahl	72	80	51	45	96	35	23	7	0	409
	Innerhalb Altersgruppen %	26,3%	30,3%	24,6%	13,5%	11,5%	5,2%	2,6%	,8%	,0%	
Karneval	Anzahl	66	71	49	96	250	171	190	164	49	1106
	Innerhalb Altersgruppen %	24,1%	26,9%	23,7%	28,7%	29,8%	25,5%	21,5%	17,7%	19,5%	
Mit Kindern	Anzahl	53	98	92	230	560	372	446	406	73	2330
	Innerhalb Altersgruppen %	19,3%	37,1%	44,4%	68,9%	66,8%	55,5%	50,4%	43,8%	29,1%	
Bei der Arbeit	Anzahl	15	45	54	96	280	211	215	238	61	1215
	Innerhalb Altersgruppen %	5,5%	17,0%	26,1%	28,7%	33,4%	31,5%	24,3%	25,7%	24,3%	
Chor	Anzahl	63	79	79	115	304	252	332	352	61	1637
	Innerhalb Altersgruppen %	23,0%	29,9%	38,2%	34,4%	36,3%	37,6%	37,5%	38,0%	24,3%	
Familienfeste	Anzahl	100	113	104	191	443	362	508	517	120	2458
	Innerhalb Altersgruppen %	36,5%	42,8%	50,2%	57,2%	52,9%	54,0%	57,4%	55,8%	47,8%	
Sonstiges	Anzahl	78	65	23	45	112	66	79	56	12	536
	Innerhalb Altersgruppen %	28,5%	24,6%	11,1%	13,5%	13,4%	9,9%	8,9%	6,0%	4,8%	
Gesamt	Anzahl	274	264	207	334	838	670	885	926	251	4649

Prozentsätze und Gesamtwerte beruhen auf den Befragten.

C Gesänge nach Altersgruppen

Kreuztabelle: Präferierte Gesänge nach Altersgruppen

		Altersgruppen									Gesamt
		10-13 J.	14-19 J.	20-29 J.	30-39 J.	40-49 J.	50-59 J.	60-69 J.	70-79 J.	80-97 J.	
Liturgische Gesänge	Anzahl	83	101	110	203	579	493	682	720	172	3143
	Innerhalb Altersgruppen %	33,1%	40,7%	55,8%	62,3%	69,8%	74,6%	78,1%	79,5%	70,2%	
Chorale	Anzahl	86	104	127	250	645	549	749	790	193	3493
	Innerhalb Altersgruppen %	34,3%	41,9%	64,5%	76,7%	77,7%	83,1%	85,8%	87,2%	78,8%	
Fremdsprachige Lieder	Anzahl	149	155	127	182	553	396	343	203	30	2138
	Innerhalb Altersgruppen %	59,4%	62,5%	64,5%	55,8%	66,6%	59,9%	39,3%	22,4%	12,2%	
Neues Geistliches Lied	Anzahl	139	172	146	252	703	542	682	685	174	3495
	Innerhalb Altersgruppen %	55,4%	69,4%	74,1%	77,3%	84,7%	82,0%	78,1%	75,6%	71,0%	
Taize	Anzahl	54	71	68	148	473	381	454	414	74	2137
	Innerhalb Altersgruppen %	21,5%	28,6%	34,5%	45,4%	57,0%	57,6%	52,0%	45,7%	30,2%	
Kanon	Anzahl	100	117	105	188	482	402	455	466	99	2414
	Innerhalb Altersgruppen %	39,8%	47,2%	53,3%	57,7%	58,1%	60,8%	52,1%	51,4%	40,4%	
Anbetungslieder/ Praise and Worship	Anzahl	35	78	106	140	333	240	243	190	42	1407
	Innerhalb Altersgruppen %	13,9%	31,5%	53,8%	42,9%	40,1%	36,3%	27,8%	21,0%	17,1%	
Gospel/ Spiritual	Anzahl	121	171	138	233	650	457	526	400	93	2789
	Innerhalb Altersgruppen %	48,2%	69,0%	70,1%	71,5%	78,3%	69,1%	60,3%	44,2%	38,0%	
Gesamt	Anzahl	251	248	197	326	830	661	873	906	245	4537

Prozentsätze und Gesamtwerte beruhen auf den Befragten.

Die Autorinnen und Autoren

Petra-Angela Ahrens, Oberkirchenrätin, ist Diplom-Sozialwirtin und arbeitet als wissenschaftliche Referentin für empirische Kirchen- und Religionssoziologie im Sozialwissenschaftlichen Institut der EKD.

Rahel Aude, geb.1984, studierte evangelische Theologie und Mathematik für das Lehramt an Haupt-, Real- und Gesamtschulen. Als studentische Mitarbeiterin wirkte sie bei der Planung, Durchführung und Auswertung der Studie zum Singen im Gottesdienst mit und schrieb ihre Abschlussarbeit zu dem Thema »Singen mit Jugendlichen als religionspädagogische Aufgabe«. Nach einem Jahr als Assistentin beim Deutschen Evangelischen Kirchentag hat sie 2010 das Referendariat an einer integrierten Gesamtschule in Frankfurt am Main begonnen.

Klaus Danzeglocke, Pfarrer und Chorleiter i. R., Lehrbeauftragter an der Hochschule für Musik Detmold, Vorsitzender des Musikausschusses der Liturgischen Konferenz.

Heiner Gembris, Dr. phil., geb. 1954, war nach wissenschaftlichen Tätigkeiten an der Technischen Universität Berlin und der Universität Augsburg Professor für Systematische Musikwissenschaft an der Universität Münster (1991–1997) und an der Martin-Luther-Universität Halle-Wittenberg (1997–2001). Seit 2001 ist er Professor für Musik und ihre Didaktik an der Universität Paderborn und Direktor des Instituts für Begabungsforschung in der Musik (IBFM).

Andreas Heye, M. Sc., Dipl.-Musiktherapeut (FH), geb. 1979 in Tübingen, studierte Musiktherapie an der FH Heidelberg (2000–2004). Zudem absolvierte er den Masterstudiengang »Music Psychology« (M. Sc.) an der Keele University, UK (2006–2007). Seit 2009 ist er Wissenschaftlicher Mitarbeiter am Institut für Begabungsforschung in der Musik (IBFM) der Universität Paderborn. Neben der Mitarbeit an aktuellen Forschungsprojekten promoviert er zum Thema »Doppelbelastung in der Ausbildung musikalisch hochbegabter Kinder und Jugendlicher«.

Jochen Kaiser, Dr. phil. des., geb. 1971, Studium der Kirchenmusik in Dresden und Heidelberg, Dirigieren in Leipzig und Liturgiewissenschaft (M. A. in Leipzig, Erfurt, Halle, Jena), Promotion mit einer empirisch-rekonstruktiven Studie zu religiösen Erlebnissen mit gottesdienstlicher Musik, Kirchenmusiker in Wernigerode. Dozent für Liturgik und Hymnologie im Kirchenmusikalischen Seminar Halberstadt.

Gunter Kennel, Dr. theol., Kirchenmusiker, Konzertorganist und Theologe. Ordination 1990. 1992 Antritt einer Kirchenmusikerstelle in Berlin-Kreuzberg. 1994 Promotion. mit einer Arbeit über frühchristliche Hymnen. Seit 2002 als Landeskirchenmusikdirektor der Evangelischen Kirche Berlin-Brandenburg-schlesische Oberlausitz tätig. Seit 2006 Präsident der Direktorenkonferenz.

Bernhard König, geb. 1967, Komponist, Hörspielmacher, Interaktionskünstler. Kompositionsstudium bei Mauricio Kagel. Mitbegründer des Kölner Büros für Konzertpädagogik (http://www.schraege-musik.de).

Stephan A. Reinke, Dr. phil., Studium Evangelische Kirchenmusik sowie Musikwissenschaft und Erziehungswissenschaft in Hamburg. Geschäftsführer im Musikausschuss der Liturgischen Konferenz, Lehrbeauftragter, Musikpublizist und derzeit Musiklehrer in Itzehoe. Vortrags- und Workshoptätigkeit. Arbeitsschwerpunkte (Kirchen-)Musikästhetik, Kirchenmusiksoziologie, Operetten- und Singspielforschung, Musikalische Ideen- und Institutionengeschichte (http://www.stephanReinke.de).

Harald Schroeter-Wittke, Dr. theol., geb. 1961 in Duisburg, seit 2001 Professor für Didaktik der Ev. Religionslehre mit Kirchengeschichte am Institut für Ev. Theologie der Fakultät für Kulturwissenschaften der Universität Paderborn, Musiker und Spieleautor, Mitglied im Präsidium des Deutschen Evangelischen Kirchentags.

Teresa Tenbergen, Dipl. theol., geb. 1981, promoviert an der Universität Halle-Wittenberg zum Thema: »Singen als elementare Form christlicher Praxis. Fachdidaktische Perspektiven«, das eine religionspädagogische Verortung des Singens zu bestimmen versucht.